中国农产品产地
冷链物流发展报告

（2024）

农业农村部市场与信息化司　编著

中国农业出版社

北　京

编委会

主　　任：李敬辉

副 主 任：雷刘功　张　辉

编　　委：宋丹阳　沈玉君　张德权　崔忠付

特约编委（按姓氏笔画排序）：

于永德　马荣才　王仕杰　王志林　韦　波

方　涛　丛　荣　米玛次仁　麦　朝　杜　鑫

杜海洋　李文彬　李文德　杨　峰　张利强

张金龙　张秩通　陈　东　苗冰松　郑　敏

赵文志　胡　宏　贺军平　袁忠贤　徐　涛

唐冬寿　海　山　曹丽虹　龚　昕　常学文

程　燚　程江芬　赖轶咏　蔡伟华　蔡党明

参编人员

主　　编：雷刘功

副 主 编：宋丹阳

执行主编：刘艳涛　李　健

成　　员（按姓氏笔画排序）：

王雨萱　白　玲　冯　伟　刘　飞　刘　瑜

刘　鹏　刘乃郗　刘帮迪　孙　静　李　欣

李　泰　李　钰　李园园　李佳叶　杨相政

宋宗耀　张　敏　陆　华　陈　媛　陈存坤

尚怀国　周新群　居　立　赵帅琪　胡雪芳

秦玉鸣　莫　铮　郭雪霞　郭淑珍　黄家章

曹建康　常　健　梁　亮　程勤阳　谢　晶

翟雪玲

技术支持

农业农村部规划设计研究院

农业农村部农村经济研究中心

农业农村部食物与营养发展研究所

中国农业科学院农产品加工研究所

中国农业大学国家农业市场研究中心

上海海洋大学

北京物资学院

国家农产品保鲜工程技术研究中心（天津）

中华全国供销合作总社济南果品研究所

中国物流与采购联合会

　　农产品冷链物流是农产品加工储藏、运输流通、配送销售等各环节始终处于规定温度环境下的专业物流，一头连着生鲜农产品产地，一头连着消费者餐桌。产地是生鲜农产品"从农田到餐桌、从枝头到舌尖"的源头和起点，也是农产品冷链物流"木桶"最短板，制约冷链流通整体质量和效率。近年来，农业农村部深入贯彻落实党中央、国务院决策部署，聚焦产地"最先一公里"短板，加大政策支持力度，推动产地仓储保鲜冷链物流快速发展，在实现农产品错峰销售、提升议价能力、减少产后损耗、增加农民收入等方面发挥重要作用，并拉动农村有效投资，促进消费扩容提质，提升产业链供应链水平，增强市场运行稳定性和产业抗风险能力，是一件群众可感可及的实事，对全面推进乡村振兴、加快建设农业强国具有基础支撑作用。

　　本报告分为总论篇、专题篇和实践篇三个篇章。总论篇阐明农产品产地冷链物流发展重大意义，梳理产地冷链物流发展历程，总结主要建设成效及突出问题，展望新形势下产地冷链物流发展趋势。专题篇详细论述农产品产地冷藏保鲜设施建设与使用、产地冷链物流技术与装备、冷链物流标准三方面发展现状、主要特点与重要趋势。实践篇从省级推动、整县推进、主体实践三个层面分析典型案例及经验启示。

　　《中国农产品产地冷链物流发展报告（2024）》是产地冷链物流建设实践的首次集中呈现，对各级主管部门和有关方面了解和掌握产地冷链物流发展历程、现状水平、未来趋势，制定"十五五"规划及相关政策，具有积极参考价值。

目 录
CONTENTS

总 论 篇

ZONGLUNPIAN

农产品产地冷链物流伴随着现代农业、农产品流通、冷链产品消费以及冷链行业的发展而不断进步，总体上经历了萌芽、初始、快速增长、全面提升等不同阶段。特别是党的十八大以来，党中央、国务院高度重视农产品冷链物流发展，强调要加快补上仓储保鲜、冷链物流等现代农业物资装备短板。我国产地冷链物流迎来重大政策机遇、市场机遇。各级农业农村部门按照"补短板、塑网络、强链条"的思路，加快补齐产地冷链物流设施短板，塑造衔接产销地、覆盖城乡的冷链物流服务网络，强化产业链供应链韧性和稳定性，推动构建农产品冷链物流体系，成为畅通城乡循环、助力国内大循环，全面推进乡村振兴的基础支撑。

一、重大意义

（一）建设产地冷链物流是促消费、扩投资，深入实施扩大内需战略的重要途径

扩大内需是构建新发展格局的战略基点，消费发挥基础性作用，投资发挥关键性作用。高品质的冷链农产品消费、冷链物流服务以及相关基础设施建设，是释放庞大需求潜力、拉动有效投资，满足人民日益增长的美好生活需要的有力抓手。从消费角度看，农产品冷链物流直接扩大高品质市场供给，满足城乡居民品质化、差异化消费需求，支撑生鲜电商、预制菜等新业态新模式发展，推动消费升级和培育新增长点。据中国物流与采购联合会（以下简称中物联）统计①，近五年城乡居民农产品冷链物流需求年均增速10.7%，冷链农产品增量超过8000万吨。从投资角度看，农产品冷链物流服务生产生活，是城乡基础设施建设的重大补短板工程。自2020年起，中央财政支持产地冷藏保鲜设施建设，拉动社会投资，带动建材、机械、工程等行业发展。当前，我国果蔬、肉类、水产品冷链流通水平远低于发达国家，冷库人均保有量是美国的1/2、荷兰的1/5，冷藏车人均保有量仅为日本的1/6、美国的1/7，冷链物流"最先一公里"建设尚不能满足乡村产业高质量发展需要。加快建设产地冷链物流，有利于适应农产品消费品质、消费结构、消费方式变化的新趋势，释放超大规模市场潜力，更好满足人民日益增长的美好生活需要。

---

① 中国冷链物流发展报告（2024），中国财富出版社有限公司，2024年，北京。

（二）建设产地冷链物流是提升产业链供应链水平，推进农业供给侧结构性改革的重要基础

畅通循环最主要任务是供给侧有效畅通，提升产业链供应链的完整性。农产品产地冷链物流是农业全产业链的关键一环，是延链、补链、强链的重要内容，是增强稳定供应能力和产业抗风险能力的重要手段。从实践看，农业农村部产地冷链项目已经覆盖全国70%以上的县（市、区），成为现代农业重大牵引性工程，有效带动标准化生产、商品化处理、规模化集散、品牌化运营，产后损耗大大降低，实现错季销售、错峰销售，为壮大特色产业提供有力支撑。加快建设产地冷链物流，可以更好发挥牵引作用，延伸产业链、重塑供应链，降低全链条运行成本、增强全链条组织能力，整体提升农业供给质量和效率。

（三）建设产地冷链物流是顺畅资源要素流动，提升县乡村三级物流能力，推动城乡和区域循环的重要力量

引导城乡、区域资源要素自由流动，是畅通城乡循环、区域循环的必然要求。以骨干冷链物流基地、产销地冷链集配中心、末端冷链物流设施为重点的农产品冷链物流体系，衔接产地销地、覆盖城市乡村，支撑全国冷链农产品跨季节、跨区域大范围供需调节，促进城乡流通网络双向融合，有效带动城乡间和区域间人流、物流、资金流等资源要素顺畅流动。农业农村部产地冷链项目资金70%投向中西部农产品主产区，一方面推动了冷链资源要素横向均衡配置，与产业布局相匹配，提升区域特色产业发展能力和脱贫地区内生发展动力；另一方面，推动县乡村三级物流体系双向打通，畅通城乡冷链资源要素纵向流动。当前，我国生鲜农产品跨季节、跨区域调运成为常态。但农产品冷链物流资源区域分布不均，与农业产业区域布局和城乡产销衔接不匹配。加快建设产地冷链物流，可以深化农业生产区域分工和专业化分工，有效扩大生鲜农产品销售半径，实现滞销变畅销、近销变远销、内销变外销，全面提高要素配置效率和现代流通效率，推动城乡和区域循环。

（四）建设产地冷链物流是壮大新型农业经营主体，促进小农户与大市场有机衔接，推动共同富裕的重要手段

引领小农户进入现代农业发展轨道是实现农业农村现代化的重点任务。农产品冷链物流是现代流通体系的重要方向，有效带动和提升农业生产经营组织化、集约化水平，是解决小农户分散生产、壮大集体经济、增加农民收入的重要途径。农业农村部冷链项目已支持约3.8万个家庭农场、农民合作社和集体经济组织建设产地冷藏保鲜设施，辐射带动大批农户，主体经营收入平均增长29.3%。加快建设产地冷链物流，完善产地冷链及配套设施等现代农业技术装备，引导合作联营、成网配套，可以有效提升新型农业经营主体和集体经济组织的经营能力，增强农民市场议价和抗风险能力，引导小农户嵌入规模农业生产经营，促进共同富裕。

（五）建设产地冷链物流是提升集成创新能力，培育新业态新模式，形成农业新质生产力的重要载体

发展农业新质生产力是推动农业高质量发展的内在要求和重要着力点，要以农业科技创新为核心驱动力，特别是要以颠覆性技术和前沿技术催生新产业、新模式、新动能。产地冷链物流衔接农业生产，服务居民消费，既是现代农业发展的重大牵引性工程，也是支撑国家冷链物流高质量发展的基础性工程。当前，产地冷链物流创新步伐明显加快，集成创新能力显著提升，新技术新装备加速应用，新业态新模式持续涌现。大力推进绿色化、数字化、智能化产地冷链物流技术集成创新，加快培育冷链快递、冷链宅配、直供直销、数字化产地仓等产地冷链物流新业态新模式，有利于促进农业新质生产力，为农业高质量发展注入新动能。

二、发展历程

（一）萌芽阶段（新中国成立初期—改革开放前）

新中国成立初至改革开放之前，我国长期处于计划经济时代，全社会缺乏冷链设施建设动力，农产品冷链物流尤其是产地冷链的概念尚未出现。**冷链需求缺乏**。新中国成立后，我国农产品实行了短暂的自由购销。1953年，粮食供需矛盾突出，为缓解粮食购销紧张局势、稳定粮食价格，中共中央出台《关于实行粮食的计划收购与计划供应的决议》，全国范围内粮食统购统销政策开始实施。1957年，国务院颁布《关于由国家计划收购（统购）和统一收购的农产品和其他物资不准进入自由市场的规定》，农产品流通实行统购统销的高度计划经济[①]。统购统销，在特定时期起到了抑制市场投机行为、稳定市场价格、缓和粮食危机的作用，但农业生产效率较低，农产品供给总量不足，未形成跨区域大流通格局，对冷链物流需求不大。**技术装备滞后**。冷链

---

① 寿祖康等，中国的商业冷藏库在发展中，制冷学报，1984年第1期，72-79。

物流专业人才极度匮乏，技术研发推广体系尚未建立。1954年，国内仅上海合众冷气机械厂生产氟利昂压缩机；后通过不断学习吸收国外技术，开始制造国产氨压缩机。到二十世纪六七十年代，我国新建冷库开始广泛采用氨制冷系统。这一阶段农产品冷链物流技术装备供给严重不足。**建设进展缓慢**。在统购统销背景下，农产品流通缺乏竞争机制，农产品冷链物流建设十分缓慢。1949年，我国商业冷库容量仅为2.8万吨，1955年建设第一座贮藏肉制品冷库，1968年建成第一座水果贮藏冷库，1978年建设第一座气调库[①]。经过30年发展，到1980年我国商业冷库总容量达到135.6万吨，仍然很低，且主要服务于城市和外贸，县城及农村的冷库库容仅占23.1%[②]。冷藏运输装备极少，全国冷藏运输车辆约3500辆[③]。

（二）初始发展阶段（改革开放初—20世纪90年代末）

随着农村改革的全面推进，农业生产效率快速提高，农产品跨区域、大流通格局逐步形成，"菜篮子"工程扎实推进，推动农产品冷链物流发展，相关支撑体系也逐步建立，产地冷链物流开始引起关注。1998年党的十五届三中全会审议通过《中共中央关于农业和农村工作若干重大问题的决定》，明确要求"乡镇企业要适应农业产业化经营的需要，着重发展农副产品加工业和储藏、保鲜、运销业"。**改革释放活力，农产品跨区流通带动冷链物流发展**。党的十一届三中全会吹响了改革开放的号角，逐步取消了农产品统购统销，实行市场化流通机制，恢复农产品集贸市场，大力发展农产品批发市场。在改革的推动下，农民生产积极性被大大地调动起来，农产品产量迅速增长，大规模自由交易需求日益迫切。1984年寿光蔬菜批发市场诞生，成为全国首个蔬菜产地批发市场。1985年1月，中共中央、国务院发布《关于进一步活跃农村经济的十项政策》（中发〔1985〕1号），明确"从今年起，除个别品种外，国家不再向农民下达农产品统购派购任务，按照不同情况，分别实行合同定购和市场收购"，标志着统购统销时代的结束。随后，《农业部全国"菜篮子工程"定点鲜活农产品中心批发市场管理办法（试行）》（农办综〔1996〕91号）和《商业部关于加强批发市场建设工作的意见》（〔92〕商规字第23号）等文件陆续出台，农产品批发市场迅速发展。1986—1999年，农产

---

① ② 陈滋顶等，国内外冷库的发展及自动化技术在冷库中运用的前景，制冷技术，2001年第4期，14-17。

③ 章铺初等，我国冷藏保温汽车的现状与发展，2000年中国食品冷藏链大会暨冷藏链配套装备展示会论文集，82-87。

品批发市场数量从892个发展到4249个，交易额从28.35亿元增长到2715.01亿元[①]。"菜篮子"工程深入实施，冷链物流作用不断强化。在农村改革深入推进的同时，我国城市建设加速，冷链设施在城市农产品供应中逐渐发挥重要作用。1985年竣工的上海吴泾冷库群总库容26万米³，是20世纪我国最大的冷链项目，承担了上海市40%的肉类供应[②]。为稳定大中城市生鲜农产品供应，1988年经国务院批准，在全国实施"菜篮子"工程建设。1997年国务院印发《关于进一步加强"菜篮子"工作的通知》（国发〔1997〕22号），重点部署在城市周边发展副食品生产和流通[③]。城郊果蔬贮藏库、肉类屠宰加工企业配套冷链物流设施快速发展起来。支撑体系逐步建立，冷链建设取得长足进步。1984年，我国首部冷库国家标准《冷库设计规范》（GBJ 72—84）正式颁布，为冷库规范建设奠定了基础。20世纪90年代开始，我国先后从国外引进20多条冷库用复合夹心板生产线及组合冷库生产线[④]，组装式冷库迅速推广开来，改变了较长时期内以土建式结构为主的局面。在冷链设备制造方面，外商独资及合资企业兴起，大大减少了原装机进口。2000年，国内规模化速冻设备制造企业达到近20家[⑤]，冷藏保温汽车生产厂家达到73家，市场化竞争局面基本形成。

（三）快速增长阶段（21世纪前20年）

进入21世纪以来，随着居民生活水平提高、科技进步以及特色农业发展，冷链物流需求日益迫切，国家及时出台政策，引导农产品冷链物流业加快发展。农产品大流通格局形成，拉动冷链物流快速发展。2000年，我国城镇居民恩格尔系数首次低于40%，消费升级特征明显。为降低农产品流通成本，促进农产品跨区消费，1995年我国开始实施的鲜活农产品运输绿色通道扩大到全国所有收费公路，而且减免品种扩大到新鲜蔬菜、水果、鲜活水产品，活的畜禽，新鲜的肉、蛋、奶等。加入世界贸易组织后，我国农产品进出口政策大幅调整，进出口壁垒逐渐取消和规范化，农产品贸易大幅

① 李泽华，我国农产品批发市场的现状与发展趋势，中国农村经济，2002年第6期，36-42。
② 上海冷藏历史发展陈列馆编写组，上海冷藏史，上海制冷节（首届）全刊，48-73。
③ 张红宇、范照兵，"菜篮子"工程建设研究，中国农村经济，1995年第6期，23-28。
④ 张印胜，浅谈我国冷库建设的概况与发展对策，2001福建省冷藏技术研讨会论文集，58-61。
⑤ 曹德胜，中国食品冷藏链的现状及其发展，2000年中国食品冷藏链大会暨冷藏链配套装备展示会论文集，1-3。

增长。农产品流通半径、流通规模快速增加，暴发出对冷链物流的巨大需求。**国家层面规划引导，营造良好政策环境。** 2005年中央1号文件提出"加快建设以冷藏和低温仓储运输为主的农产品冷链系统"，此后多个中央1号文件部署推动农产品冷链物流建设，开展鲜活农产品冷链物流试点，建设生鲜农产品产区预冷工程及配送中心，完善农产品收集、加工、运输、销售各环节冷链物流链条，构建跨区域冷链物流体系。2010年，国家发展和改革委员会发布《农产品冷链物流发展规划》（发改经贸〔2010〕1304号），这是我国第一部冷链物流规划，规划期为2010—2015年，明确完善标准体系、加强基础设施建设、加快装备与技术升级、建立重要品种和重点地区农产品冷链物流体系等主要任务，提出实施冷库建设工程、低温配送处理中心建设工程等8大工程。2017年国务院办公厅印发《关于加快发展冷链物流保障食品安全促进消费升级的意见》（国办发〔2017〕29号），部署强化基础设施建设、建立规范体系、提升服务水平等重点任务。2012年，农业部和财政部共同实施了农产品产地初加工补助政策，将产地冷藏保鲜设施作为重点建设内容，到2018年累计支持建设产地保鲜库4.45万座，新增库容372万吨[①]。截至2019年底，我国冷库库容达到6053万吨，冷藏车保有量约21.47万辆，与2000年相比，平均每年新增库容284万吨，新增冷藏车9720辆以上[②]。**专业机构纷纷组建，形成行业发展合力。** 以农业部规划设计研究院为依托单位的农业部农产品冷链物流标准化技术委员会于2016年正式设立并开始运行，中国制冷学会、中国制冷空调工业协会冷冻冷藏分会、中国物流采购联合会冷链物流专业委员会等冷链物流组织有效整合了全国科技、人才、企业等资源要素，为农产品冷链物流的快速规范发展提供了有力支撑。

（四）全面提升阶段（2020年一）

2019年7月，中共中央政治局会议明确提出，实施城乡冷链物流设施建设补短板工程。产地仓储保鲜冷链物流设施建设全面提速。**多层面高位部署推动。** 2020年以来，中央1号文件连续5年对产地冷链物流设施建设工作进行部署，明确提出启动农产品仓储保鲜冷链物流设施建设工程，推进田头小型仓储保鲜冷链设施、产地低温直销配送中心、国家骨干冷链物流基地建设，推动冷链物流服务网络向农村延伸。中央财办等部门印发《关

---

① 来自农业农村部农产品产地初加工补助政策系统调度数据。
② 中国冷链物流发展报告（2020），中国财富出版社，2020年，北京。

于推动农村流通高质量发展的指导意见》（中财办发〔2023〕7号），重点强调了加强农产品仓储保鲜冷链物流设施建设。扩大内需战略、乡村建设行动、国务院稳经济一揽子政策措施等中央重要文件都对产地冷链物流设施建设作出部署。农业农村部相继印发《关于加快农产品仓储保鲜冷链设施建设的实施意见》（农市发〔2020〕2号）和《关于加快补齐脱贫地区农产品产地冷链物流设施短板的通知》（农办市〔2023〕1号）等系列文件，明确产地冷链物流设施建设总体思路、基本原则、建设重点、补助标准、组织实施等内容。2023年新修订的《中华人民共和国农产品质量安全法》第三十三条，明确提出"国家支持农产品产地冷链物流基础设施建设，健全有关农产品冷链物流标准、服务规范和监管保障机制，保障冷链物流农产品畅通高效、安全便捷，扩大高品质市场供给。"**统筹推进规划布局**。国家"十四五"规划纲要将农产品冷链物流设施建设纳入102项重大工程，提出"建设30个全国性和70个区域性农产品骨干冷链物流基地，提升田头市场仓储保鲜设施，改造畜禽定点屠宰加工厂冷链储藏和运输设施。"国务院办公厅印发《"十四五"冷链物流发展规划》（国办发〔2021〕46号），对衔接产地销地、覆盖城市乡村、联通国内国际的冷链物流网络作出全方位布局，其中农产品冷链物流占大头。《全国现代设施农业建设规划（2023—2030年）》（农计财发〔2023〕6号）对冷链物流设施建设作出重点部署，并制定专项实施方案。衔接国家规划，农业农村部编制印发《"十四五"全国农产品产地仓储保鲜冷链物流建设规划》，提出建设产地冷链物流体系目标任务。同时，推动各省（自治区、直辖市）编制省级规划，形成上下衔接、统筹推进的"十四五"农产品冷链物流发展规划布局。**保障财政投入力度**。"十四五"以来，农业农村部会同财政部实施产地冷藏保鲜设施建设项目，支持县级以上示范家庭农场、农民专业合作社示范社和农村集体经济组织建设果蔬等产地冷藏保鲜设施。各地整合利用多渠道资金，增加补贴主体、扩大补贴范围、提高补贴比例，支持产地冷链物流设施建设，成为中央财政冷链项目资金的有力补充。农业农村部等多部门联合印发《关于扩大当前农业农村基础设施建设投资的工作方案》（农计财发〔2022〕29号），聚焦农业农村重点领域，用好投融资政策工具，引导加大金融社会资本投入。据中物联统计[①]，截至2023年，全国冷库库容达到9120万吨，冷藏车保有量达到

---

① 中国冷链物流发展报告（2024），中国财富出版社有限公司，2024年，北京。中物联冷库存量统计范围是规模以上冷库，即单个规模大于等于2万米³的冷库。

43.2万辆，与2019年相比，平均每年新增库容766万吨，新增冷藏车5400辆以上。

三、建设成效

近年来，特别是"十四五"以来，农业农村部以农产品仓储保鲜冷链物流设施建设工程为主要抓手，推动产地冷链物流体系建设全面提速，总体规模持续扩大，设施网络不断健全，服务质量持续提高，支撑作用显著增强。

（一）产地冷链物流运行网络逐渐形成

"十四五"以来，我国大力推进以田头冷藏保鲜设施为基础支撑、产地冷链集配中心为综合服务平台、骨干冷链物流基地为关键枢纽的产地冷链物流设施网络建设。"十四五"期间，全国产地冷库库容预计新增约4000万吨，建设培育1000个具有仓储保鲜、初加工、冷链配送等能力的产地冷链集配中心，以及100个具有引领产业、辐射城乡等能力的农产品骨干冷链物流基地，增强市场运行稳定性和产业抗风险能力，提升现代农业质量效益和竞争力。农业农村部组织实施的农产品产地冷藏保鲜设施建设项目，着眼于解决冷链物流发展的不平衡不充分问题，重点向中西部和脱贫地区倾斜，显著提升生鲜农产品上行能力和市场流通效率，促进分散小农户融入生产流通大网络。

（二）产地仓储保鲜设施规模不断扩大

据统计，"十四五"以来，我国农产品产地冷链设施规模迅速扩大，2023年农产品产地仓储保鲜设施规模约为30742.7万米^3，仓储保鲜能力约为6694.5万吨[①]。其中，果蔬产地冷库规模最大，约为19131.3万米^3，占比超过60%。

（三）产地仓储保鲜设施区域分布特征鲜明

呈现显著区域差异，其中设施库容西部占比最高，超过40%。果蔬、水产品、蛋品和乳品产地冷库分布集中度高，其中果蔬产地冷库集中分布在西部地区，占比在45%以上；水产品产地冷库集中分布在东部地区，占比在60%以上；蛋品产地冷库集中分布在中部地区，占比在45%以上；乳品产地冷库集中分布在西部地区，占比在45%以上。

① 按通风库3米^{3}等于1吨，果蔬冷库5.5米^{3}等于1吨，畜产品和肉产品冷库按4.5米^{3}等于1吨，蛋品冷库按7米^{3}等于1吨，乳品冷库按2米^{3}等于1吨折算。

（四）产地仓储保鲜设施短板加快补齐

"十四五"以来，农业农村部通过中央财政建设一批、协同相关部门建设一批、推动地方财政建设一批、引导社会资本自建一批等方式，产地"最先一公里"冷链设施短板加快补齐，冷链物流服务、冷藏保鲜技术等支撑能力不断提升。其中，农产品产地冷藏保鲜设施建设项目，支持家庭农场、农民合作社和农村集体经济组织建设产地冷藏保鲜设施，新增库容1964.5万吨；支持350个农产品产地冷藏保鲜建设整县推进。据问卷调查，项目区生鲜农产品贮藏期延长69～106天，错峰销售成为可能；贮藏平均损失率从19.7%下降到7.1%。

（五）农产品产地低温处理水平显著提高

《"十四五"冷链物流发展规划》提出将农产品产地低温处理率作为衡量产地冷链物流发展的重要指标。农产品产地低温处理率是指当年产地低温处理量与所需产地低温处理量之比。它反映了生鲜农产品在产地经过预冷、冷藏等冷链环节的综合比例，通过产地实际进行低温处理的农产品重量占理想状态下需要低温处理的农产品重量比例，能够衡量冷链建设和运营水平。据测算①，2023年，我国农产品产地综合低温处理率为32%，比2020年提高了11个百分点。其中果蔬产地低温处理率为24%，比2020年提高了11个百分点；肉类产地低温处理率为80%，比2020年提高了6个百分点；水产品产地低温处理率为83%，比2020年提高了5个百分点。

（六）产地冷链物流技术装备水平持续提升

技术装备是农产品冷链物流发展的基础支撑。**从技术上看，产地冷链物流以低温控制技术为主，新技术不断涌现。** 受消费需求、产品价值和技术应用成本影响，目前我国农产品产地冷链物流以各类低温控制技术为主，必要时配套使用其他辅助技术。果蔬冷链物流中为防止微生物侵染，配套使用化学保鲜技术；冷鲜肉为防止食源微生物污染和脂肪氧化，在低温贮运的同时，大量应用真空包装技术和化学保鲜技术；水产品无水活运在低温条件下，使用模拟冬眠运输技术。随着新一轮科技革命和产业变革步伐不断加快，气调

---

① 农产品产地低温处理率=当年产地低温处理量/（农产品产量×该类农产品低温需求比例）。果蔬当年产地低温处理量按果蔬贮藏设施存量×设施周转系数测算，畜产品当年产地低温处理量按不同种类畜产品产量与低温处理比例乘积之和测算，水产品当年产地低温处理量按加工用水产品低温处理量、非加工淡水产品流通低温处理量和非加工海水产品流通低温处理量之和测算。

包装、二氧化碳迭代制冷、电磁场速冻/保鲜、天然提取物保鲜等农产品冷链物流品质保持专业技术，以及环境感知、无线射频识别、GPS和数字孪生等新技术不断研发并加速应用。**从装备上看，产地冷链物流设施装备制造基本成熟，冷藏车保有量保持快速增长**。经过多年发展，我国产地果蔬冷冻冷藏设施装备（冷库）、预冷设备、畜禽和水产品冻结设备、商品化处理设备、装卸搬运设备、冷链运输设备等生产制造基本成熟，专业化水平不断提高，基本实现国产化。据中物联统计，近年来我国冷藏车保有量保持良好增长势头，年均复合增长率超过20%，其中新能源冷藏车保有量增长迅速，2023年同比增速超过50%。**从信息化看，设备自动化水平明显提高，数字化智能化成为发展趋势**。当前，产地冷链仓储设施的远程控制、果蔬分选的智能化决策、禽类屠宰的全程自动化操作已基本实现。随着新一代信息技术与数字技术不断发展，更多数字化、智能化农产品产地冷链物流技术装备将得到进一步推广应用。

（七）产地冷链物流标准支撑能力明显增强

近年来，农产品冷链物流标准化工作不断向系统化全面化方向发展，为生鲜农产品冷链物流各个环节提供强有力的标准支撑。**多层次多品类标准体系基本建立**。截至2023年，我国现行农产品冷链物流标准共822项，包含了国家、行业、地方和团体标准等不同层次，覆盖了蔬菜、果品、肉类、蛋品、水产品及茶叶等各类农产品冷链物流。从层次上看，国家标准占比为16.4%、行业标准占比为24.3%、地方标准占比为40.0%、团体标准占比为19.2%，且增长迅速。从品类上看，综合类标准占比为27.8%，分品类标准占比为72.2%。其中，果蔬标准占比为40.6%，畜禽和水产品标准占比分别为18.2%和11.6%。**产地冷链标准补短板加快推进**。农业农村部农产品冷链物流标准化技术委员会重点关注产地冷链物流标准建设，解决相关标准缺失问题。截至2023年，已围绕共性基础支撑、重要产品、关键环节、公共管理等领域，制定并发布了包括基础标准、通用标准和专用标准在内的农产品冷链物流标准体系，立项农业行业标准19项，7项标准正式发布，为规范产地冷链物流技术操作，提高冷链物流效率提供标准支撑。**冷链物流标准转化应用不断深化**。农业农村部农产品冷链物流标准化技术委员会牵头，整合农产品仓储冷链设施标准和保鲜技术标准中的多项参数指标及技术要点，形成6类保鲜设施的工程设施技术方案和12类典型农产品仓储保鲜操作规程，为农产品产地冷藏保鲜设施建设项目提供技术指导。同时，开展基于农产品种类的全链条标准集成探索，初步建立了"操作手册＋标准"模式的全链条标准体系框架，形成农产品冷链物流领域全链标准建设模式。

四、主要问题

我国农产品冷链物流总量规模、布局结构、链条运行、支撑能力等显著提升，但仍存在一些不足，特别是产地短板问题突出，畅通城乡循环、助推国内大循环的支撑能力有待提升。

（一）从总量规模看，市场需求旺盛、设施建设加快，但离产业需求还有较大差距

据中物联统计，2023年我国冷链物流市场总规模达5170亿元，农产品冷链物流需求总量3.5亿吨。我国农产品冷链物流快速发展的同时，也要看到与发达国家、与自身产业需求相比，差距依然明显。欧美国家果蔬、肉类、水产品基本实现冷链流通，损耗率均在5％以下。我国食物总体损耗浪费率为22.7％[①]。分品种看，我国果蔬预冷、冷藏等产地设施设备建设需求最大，肉类产品冷链设施不能适应"调活畜禽向调肉"转变的需要，承担全国70％以上批发交易功能的大型水产品批发市场等关键物流节点冷冻冷藏设施需提升改造。功能齐全、辐射范围大、运行效率高的产地冷链集配中心和骨干冷链物流基地建设较为滞后，产地冷链物流设施网络仍需进一步健全。

（二）从空间结构看，设施网络横向覆盖东中西、纵向贯穿产地销地中转地，但区域链条分布不均衡

我国农产品冷链物流设施网络不断完善，据中物联统计，规模以上冷链设施在东部、中部、西部的分布占比分别约为55％、28％、17％；总体看，冷链设施区域分布、链条分布并不均衡。冷库主要集中在华东等发达地区，京津冀地区、长三角地区、粤港澳大湾区都是冷库聚集地，中西部农产品主产区等设施缺口较大。在产地，以小型设施、冷链集配中心等为主要形态。冷链"最先一公里"仍是薄弱环节，与农业产业布局不匹配。同时，各地普遍存在单一温区、储藏型等低端冷链设施重复建设突出，多温区、配送型等高端冷链设施建设不足的结构性问题。

---

① 数据来自《2023中国食物与营养发展报告》，包括农业生产、产后处理、贮藏、加工、流通和消费环节的损耗浪费。

（三）从发展基础看，市场主体不断壮大、集成创新步伐加快，但系统支撑力量依然不足

据中物联统计，2023年冷链物流相关企业数量超4.9万家，近5年年均增速达30%以上。总体看，冷链物流行业发展生态持续优化，但系统支撑力量依然不足。我国农产品冷链物流市场服务主体规模偏小，冷链物流市场仍以零散小公司、个体业户为主，串联生产、加工、流通、消费的农产品供应链龙头企业以及公共性平台发育滞后，百强冷链物流企业市场份额仅占14%左右，农产品全程冷链频繁断链，运行成本偏高。针对生鲜农产品季节性和区域性特点导致的产地冷库闲置与短缺矛盾，缺乏行业公用产地冷链物流信息综合服务平台，无法有效实现产地冷链物流设施的数据共享、供需匹配和产销对接。产地冷链物流服务主体信息化建设滞后，加之冷链物流从生产到流通、消费各环节缺少统一标准，无法实现对产地冷库、冷藏车的数据联网直采，容易导致信息联通不畅和监管缺失，甚至造成行业内"劣币驱逐良币"的现象。

（四）从冷链源头看，田头设施加快完善、服务产业能力持续提升，但产地冷链仍是最大短板

据测算，2023年果蔬产地低温处理率为24%，比2020年提高了11个百分点，项目区贮藏损失率降低了13个百分点，每年减少果蔬损失约1000万吨以上。同时可以看到，田头冷链设施缺口依然较大，产地冷链集配中心缺位，产后商品化处理能力较低，尚不能满足多层次服务需求，直接影响冷链物流全链条效率。同时，产地冷链物流设施建设主体以合作社、家庭农场和村集体经济组织为主，受投资能力、经营规模限制，多数冷库建设规模小、服务半径短、布局较为分散，商品化处理设备、产后初加工设备、检验检测设备等配备不足，互联互通缺乏支撑，运行效率有待提升。

五、趋势展望

按照"十四五"规划部署，到2025年，我国初步形成衔接产地销地、覆盖城市乡村、联通国内国际的冷链物流网络，基本建成符合我国国情和产业结构特点、适应经济社会发展需要的冷链物流体系。在产地端，初步建成重点覆盖农产品主产区的冷链物流设施网络，产地冷链物流服务、标准、科技等支撑能力显著提升，有效解决"最先一公里"短板问题。对标农产品现代流通体系构建，对标农业强国建设，产地端冷链物流设施装备水平和服务水平还存在差距，不少地方依然处在补短板阶段，必须认真总结"十四五"期间产地冷链物流建设的经验做法，准确掌握行业发展的新趋势新特点，综合分析研判短板弱项、需求缺口，明确未来一个时期总体思路、重点方向和政策抓手。

（一）行业市场需求持续增长，推动产地冷链物流设施均衡发展

近年来，随着人民生活水平不断提高、技术水平不断进步和营商环境持续改善，我国生鲜农产品生产供应稳步增长，农产品冷链物流需求持续旺盛，行业规模迅速扩大。随着全国统一大市场建设步伐加快和高品质冷链农产品消费快速上升，冷链物流需求和市场规模仍有增长空间。但与巨大的潜在需求相比，产地冷链物流无论是设施总量，还是结构布局，都存在明显差距。**在数量上**，因地制宜建设更新产地冷链设施、冷链运输车辆和相关设备，基本建成以产地骨干冷链物流基地为核心、产地冷链集配中心和产地冷链物流设施为支撑的三级产地冷链物流设施网络，网络覆盖面和服务水平大幅提高，确保生鲜农产品能够在最佳条件下储存和运输，快速、安全地到达消费者手中。**在结构上**，产地冷链物流设施区域布局和品类结构将更加均衡，中西部主产区缺口较大的果蔬、肉类、水产品等冷藏设施短板将加快补齐，移动冷链设施设备推广应用空间较大，基本实现产地冷链物流设施与农业生产布局相匹配，提高整体物流效率。

（二）农业全产业链提档升级，推动产地冷链物流运行网络优化、提质降本

实现农业现代化关键要顺应产业发展规律，推动农业从种养向加工流通等二、三产业延伸，健全产业链、打造供应链、提升价值链，促进农业产业全链条升级。产地冷链物流衔接农业生产与市场消费，是贯通农业产业链供应链的关键一环。当前，高质量发展和推动农业产业升级进入攻坚阶段，需要发挥产地冷链物流的引领和支撑作用。**从供给侧看**，农产品生产端的产业化深度转型、规模化组织和品牌化经营，将要求产地冷链物流针对农产品产地多点布局和小批量、多批次运输需求特点，把分散布局的田头冷链设施、产地冷链集配中心和产地骨干冷链物流基地，整合形成层次清晰、功能完备、高效衔接的产地冷链物流网络，扩大农产品流通组织范围，实现农产品供应链的高效运转。**从需求侧看**，当前和今后一段时期，市场对农产品的品质、安全和个性化服务的需求趋旺，将要求产地冷链物流服务向更高品质和更精

细化方向发展，推动农产品冷链流通提质降本增效，有效链接生产消费两端、供给需求两侧，更好促进供需结构适配，迈好迈稳"最先一公里"步伐。

（三）新质生产力加快培育形成，推动产地冷链物流创新驱动发展、产业融合

当前，全球新一轮科技革命和产业变革深入发展，技术创新进入前所未有的密集活跃期，以科技创新推动产业创新，培育发展新质生产力迎来历史性机遇。产地冷链物流是农业科技创新和产业创新深度融合的重要场景，积极推动以技术创新引领业态创新、模式创新，提升产地冷链物流运行效率和服务质量正当其时。**就产地冷链物流技术创新与装备研发而言**，应聚焦产地冷链物流相关领域关键和共性技术问题，加强冷链农产品品质劣变腐损的生物学原理及其与物流环境之间耦合效应、高品质低温加工、冷链安全消杀等基础性集成创新研究，加快绿色化、工程化、智能化产地冷链物流装备研发，提升农产品冷链物流重点实验室、技术创新中心和技术集成基地等科研平台条件，从源头提升产地冷链物流技术装备现代化水平。**就产业冷链物流新业态新模式培育而言**，要进一步创新发展"生产基地＋中央厨房＋餐饮门店""生产基地＋加工企业＋商超销售""产地＋中心仓＋前置仓"等直供直销新模式，大力发展设施巡回租赁、"移动冷库＋集配中心（物流园区）"等产地冷链物流服务共享经济模式，促进产地冷链物流产业跨界融合，不断提高生鲜农产品冷链流通效率。

（四）"双碳"目标稳步推进实施，推动产地冷链物流绿色低碳、节能环保

近年来，我国坚定不移走生态优先、绿色发展之路，绿色低碳发展不断取得新进展。产地冷链物流需要从冷库建设、冷链运输、技术装备、运营管理等环节，加快节能减排和低碳转型步伐，实现可持续发展。**在冷库建设方面**，采用先进的节能技术和材料，提高冷库的能效比，减少能源消耗；推广使用低碳冷库技术，如利用太阳能、风能等可再生能源为冷库供电，降低碳排放。**在冷链运输方面**，推广使用新能源冷藏车，如电动冷藏车、氢能源冷藏车等，减少传统燃油车尾气排放对环境的污染。**在技术装备方面**，推动冷链物流技术设备的创新升级，开发基于可再生能源的制冷技术，研制更加节能、环保、智能的冷链设备。**在运营管理方面**，建立科学的管理制度，加强能耗监测和数据分析，及时发现和解决能耗过高的问题。

（五）信息技术加速迭代应用，推动产地冷链物流数字化转型、效能提升

当前，随着新一代信息技术的加速迭代和快速普及，数字经济正成为推动全球经济增长的重要引擎和重塑全球经济全球竞争格局的关键变量。移动互联网、大数据、云计算、物联网等新一代信息技术将为产地冷链物流高质量发展注入新动能。**在冷链设施数字化改造上**，温度传感器、温度记录仪、无线射频识别（RFID）电子标签及自动识别终端等数字化设备在产地冷链物流设施的安装与应用比例不断提高，产地冷链物流入库、出库、调拨、库存盘点等作业环节数据自动化采集传输能力明显增强，全国性、多层级产地数字冷链仓库网络有望形成。**在冷链智能技术装备应用上**，产地冷链集配中心和骨干冷链物流基地自动化立体仓库、自动分拣系统、自动化堆垛机、物流机器人、智能拣货系统、温湿度监控等设备推广应用水平显著提升，产地冷链智慧仓储管理、运输调度管理等信息系统日趋成熟，推动产地冷库"上云用数赋智"。**在冷链物流信息平台建设上**，一批专业性、市场化的产地冷链物流信息平台和交易平台建设步伐加快，产地冷链物流数据价值进一步凸显，助力打造产地冷链物流生态圈。

专题篇
ZHUANTIPIAN

专题 1

农产品产地冷藏保鲜设施建设与使用

2020年中央1号文件提出，启动农产品仓储保鲜冷链物流设施建设工程。农业农村部聚焦产地"最先一公里"冷链物流短板，实施农产品产地冷藏保鲜设施建设项目（以下简称"冷链项目"），推动产地仓储保鲜冷链物流快速发展，在实现农产品错峰销售、提升议价能力、减少产后损耗、增加农民收入等方面发挥重要作用，并拉动农村有效投资，促进消费扩容提质，提升产业链供应链水平，增强市场运行稳定性和产业抗风险能力，是一件群众可感可及的实事。

一、农产品产地冷藏保鲜设施建设情况

（一）设施规模显著增加

2020—2022年支持家庭农场、农民合作社和农村集体经济组织建设产地冷藏保鲜设施，新增库容1964.5万吨。支持350个县（市、区）开展整县推进。在实施区域上，重点向鲜活农产品主产区、特色农产品优势区倾斜，县级覆盖率达70%以上。所建冷藏保鲜设施以机械冷库（包括高温库、低温库、预冷库和气调库）为主，占比为90.2%，通风库占比为9.8%。

（二）设施分布持续优化

从区域分布看，政策支持建设的设施80%以上都分布在中西部地区，其中中部地区最多，占比为42.5%（图1）。政策支持建设的农产品冷藏保鲜设施容积分布与果蔬主产省份高度重合，西部最多，占比为39.6%（图2）。

（三）产后处理链条逐步延长

据调查[①]，78.3%的被调查对象配备了相关商品化处理设备。排名前三的

---

① 农产品产地冷藏保鲜设施建设项目问卷调查。

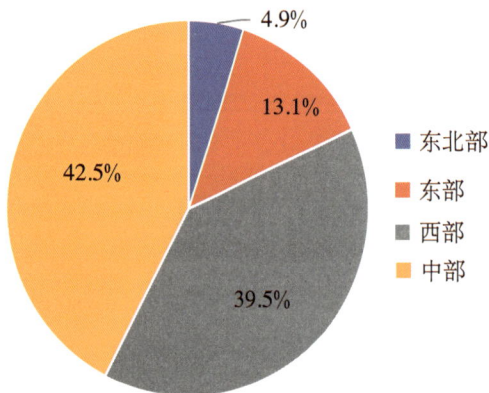

图 1 设施数量区域分布比例

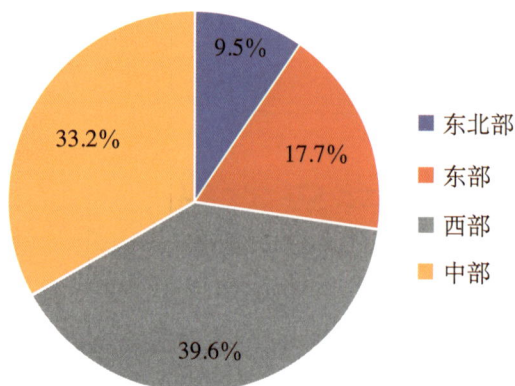

图 2 设施容积区域分布比例

设备是分拣分级设备、包装设备和清洗设备，购置三类设备的主体占比[①]分别为 80.1%、70.2% 和 47.1%。75.23% 的被调查对象配备了两种及以上相关设施设备。

（四）建设主体以合作社为主

建设主体以合作社为主，占比达 65.0%，家庭农场占比为 29.0%，村集体经济组织占比为 6.0%。从区域层面看，西部地区支持的合作社更多，东北地区支持的家庭农场更多（图 3）。

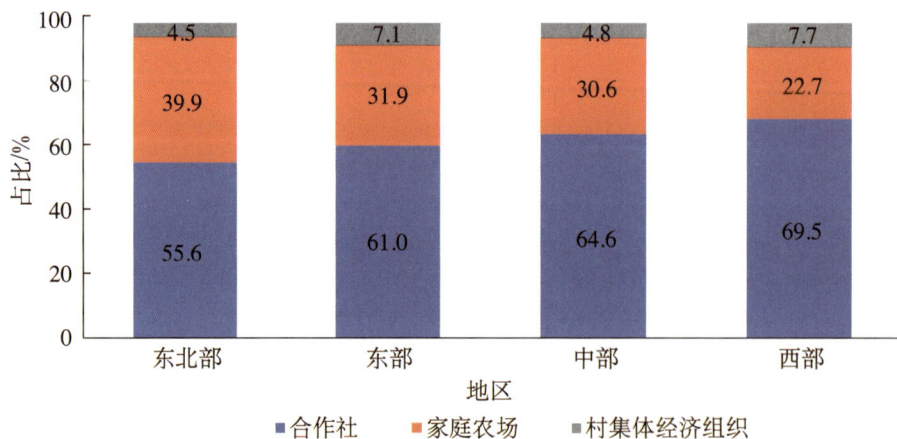

图 3 设施建设主体类型分布

二、农产品产地冷藏保鲜设施运行情况

为评估农产品产地冷藏保鲜设施项目建设成效，分别于 2022 年和 2023 年

---

① 购置三类设备主体占比 = 购置三类设备主体总数/配备了产后处理设备主体总数。

组织开展了两轮项目建设主体问卷调查和典型省份实地调研，覆盖3.2万户建设主体。

（一）冷库运行以自营为主

冷藏保鲜设施以自营为主，占比为78.6%，合作联营为18.8%（图4）。冷库经营过程中多为自用，平均出租比例不高，仅为21.4%（图5）。

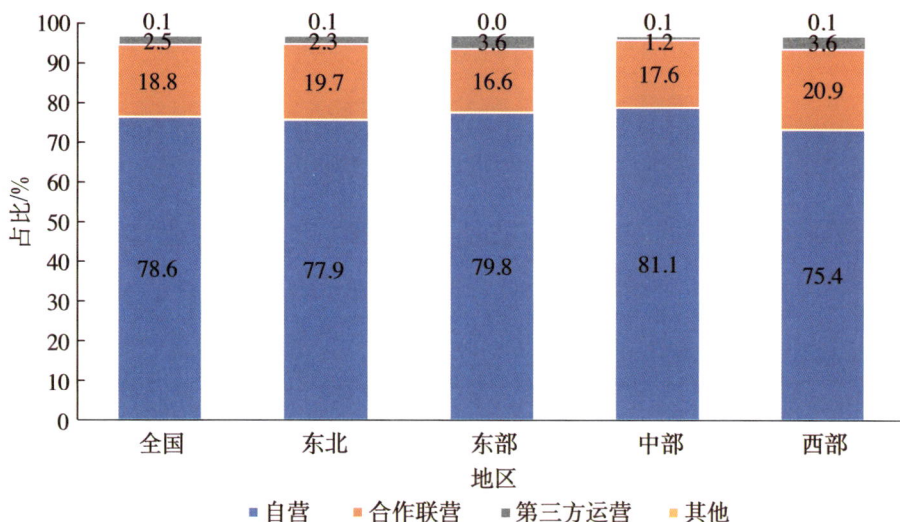

图4　设施运营方式分布

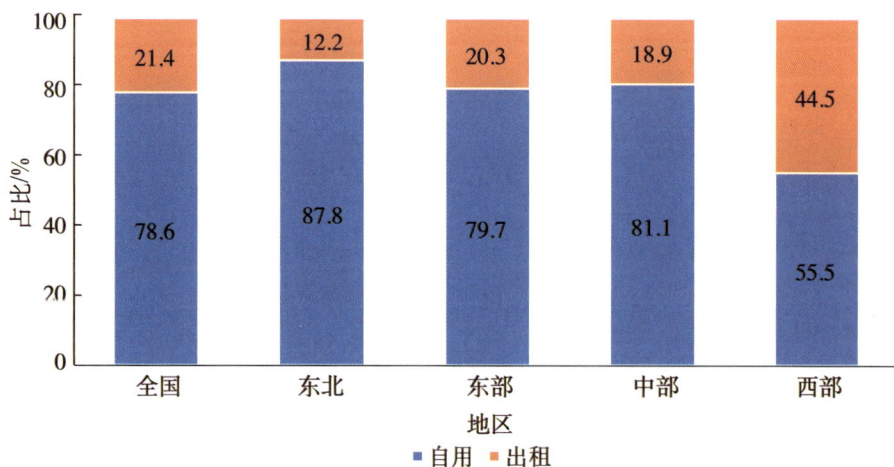

图5　设施运行自用和出租情况

（二）贮藏品类不断丰富

设施贮藏农产品品类十分丰富，涉及866个农产品品种，包括果蔬、粮油、畜禽和水产品，其中果蔬占比为89%，粮油占比为5%，畜禽占比为

4%，水产品占比为2%（图6）。贮藏最多的十种果蔬是苹果、马铃薯、白菜、柑橘、辣椒、葡萄、茶叶、猕猴桃、玉米、萝卜（图7）。只贮藏1种农产品的主体占29.58%，贮藏2种农产品的主体占35.34%，贮藏3种及3种以上农产品的主体占35.08%。

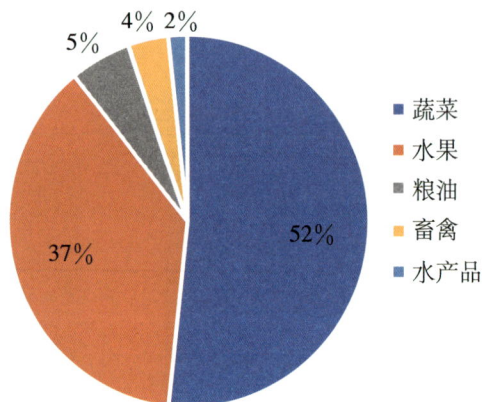

图6　农产品贮藏类型占比

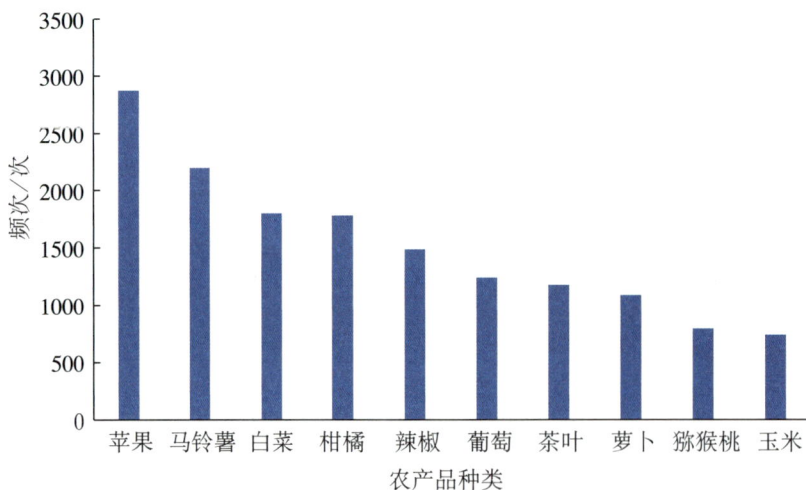

图7　主要贮藏果蔬品种频次

（三）使用时长平均在半年以上

调查表明，冷藏保鲜设施全年综合利用平均时长为8.0个月。2021年、2022年冷藏设施综合利用时长对比如图8所示，综合利用时长在9～12个月的明显增加，2022年达到54.1%，与2021年相比高出了17.6个百分点。冷藏利用平均时长达到7.0个月，即设施使用过程中86.4%的时间都开启制冷设备，发挥冷藏功能。不同地区冷藏设施全年利用时长也有差别（图9），东部地区全年综合利用时长和冷藏利用时长最长，分别为8.8个月和7.7个月；中部地区全年综合利用时长最低，为7.8个月；东北部地区和中部地区全年冷藏利用时长最低，均为6.5个月。

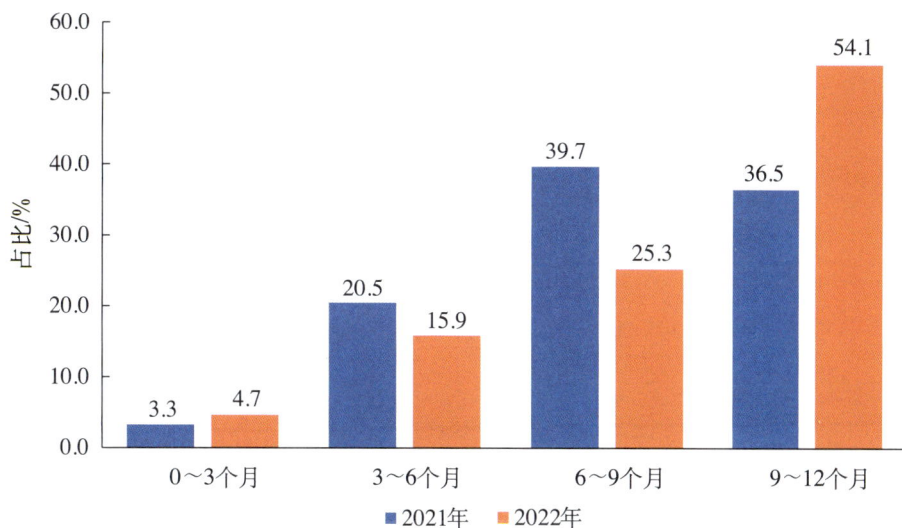

图8　设施全年综合利用时长对比分析

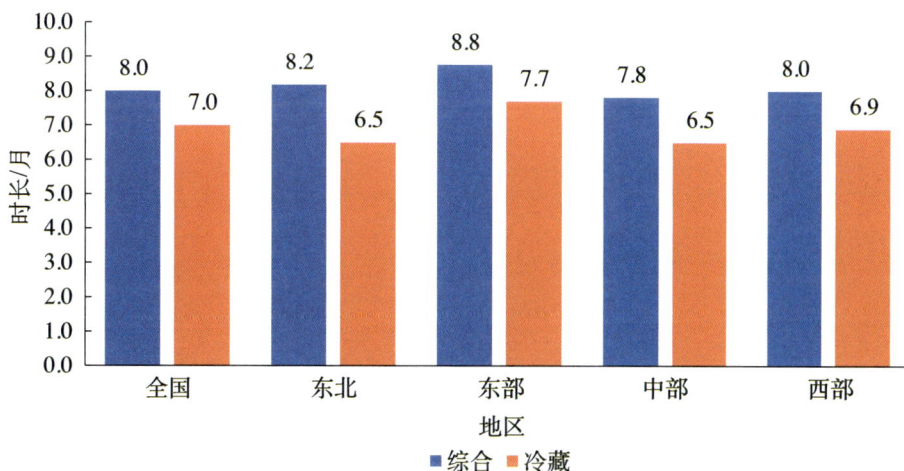

图9　各地区设施全年综合利用时长和冷藏利用时长

（四）年出库量显著增加

2022年被调查主体冷藏保鲜设施农产品出库量均值为1938.1吨，同比增加44.2%。其中，年出库量300吨及以下的占50.0%，年出库量为300～1000

（含）吨的占25.9%，年出库量为1000～3000（含）吨的占15.2%，年出库量在3000吨以上的占8.9%（图10），被调查主体冷藏保鲜设施年平均周转次数为5次。不同区域冷库年平均周转次数有所差别（图11），东部和中部地区年平均周转次数为5.7次，东北地区年平均周转次数为2.7次。

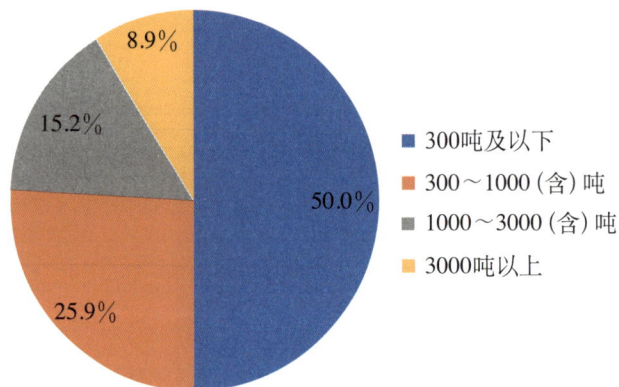

图10　冷藏保鲜设施年出库量分布

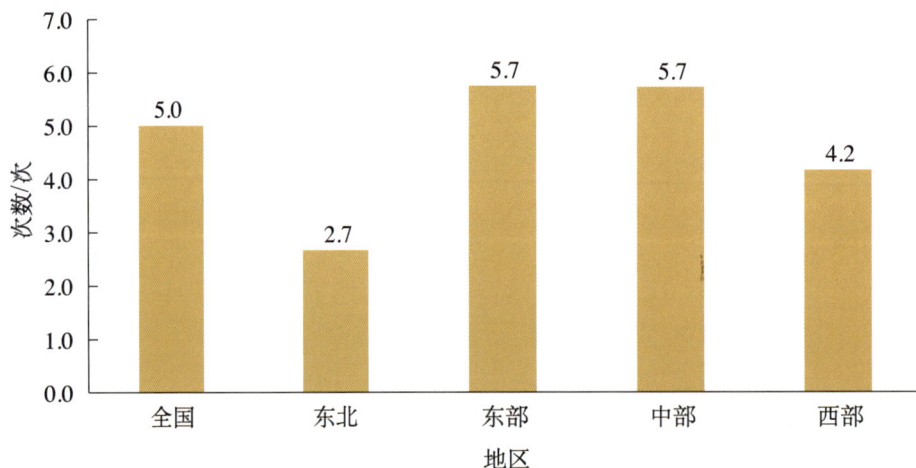

图11　各地区设施年平均周转次数

三、农产品产地冷藏保鲜设施减损评估

食物损耗是指整个食物供应链中可食用食物重量的减少，尤其是人类食用的食物重量的减少。食品损耗发生在食品供应链的生产、采后处理、贮藏、加工、流通、消费阶段。本评估中，主要分析果蔬农产品在使用冷库前后的损耗变化，即贮藏环节的减损情况。报告依据问卷调研数据，选取常见的14大类101个蔬菜品种和10大类49个水果品种进行减损情况核算，并对未来减损潜力进行预测。

（一）设施使用显著降低农产品产后损失

产地冷藏保鲜设施建设运营，使生鲜农产品产后得到及时预冷及冷藏，显著降低了农产品产后损失，保证了长途运销过程中生鲜农产品品质稳定。使用产地冷藏保鲜设施，减损效果十分显著，被调查主体生鲜农产品贮藏平均损失率从19.7%下降到7.1%（图12）。使用冷藏保鲜设施后，粮油和畜禽产品损失率最低，都控制在4.8%，果蔬产品损失率在6%～7%，水产品冷藏前后损失减少最多，降低15.9个百分点。

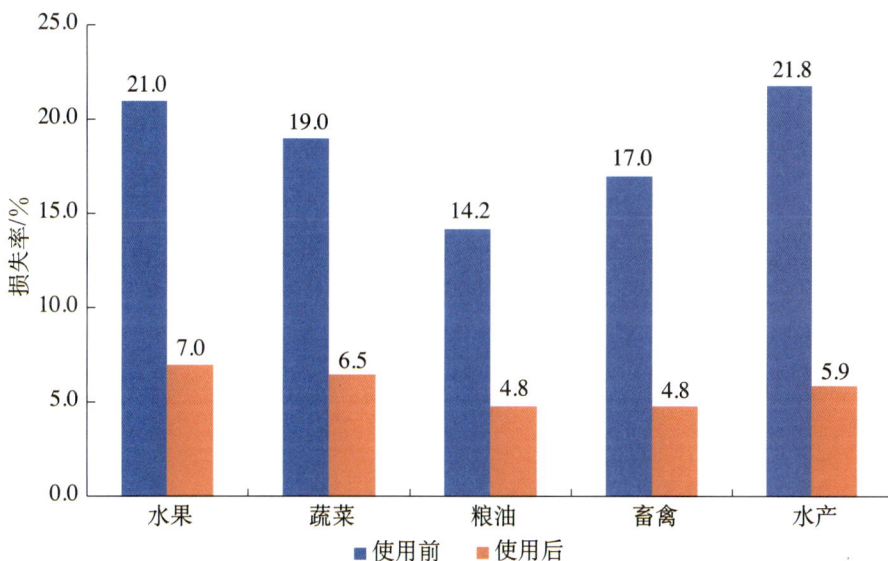

图12　农产品使用冷藏保鲜设施减损情况

（二）果蔬贮藏环节损耗率降低约13个百分点

调查显示，2023年蔬菜平均损耗率从原来的18.95%降至6.47%，降低了12.48个百分点，平均保存期限延长80天。根据种类来看，野生蔬菜类（鱼腥草、发菜、蕨菜等）、白菜类蔬菜（大白菜、花菜、油菜等）和水生蔬菜类（莲藕、芡实、豆瓣菜等）损耗率降低较为明显，均在14个百分点以上（图13）。根据产量及日常消费选取的15个典型品种中，损耗率降低超过10个百分点的品种有13个。减损比例较高的品种为芦笋、油麦菜、豆角、胡萝卜，减损比例均在70%以上。

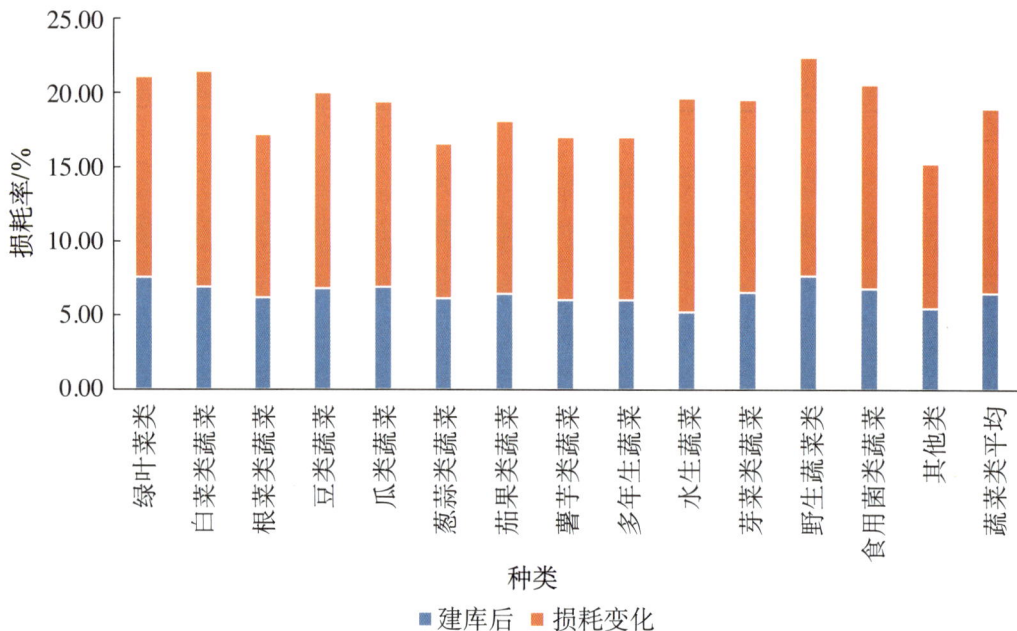

图13　2023年蔬菜建库前后损耗变化

　　调查显示，2023年水果平均损耗率由原来的20.96%降至7.03%，降低了13.93个百分点，平均保存期限延长76天。根据种类来看，荔枝类（荔枝、龙眼）、果蔗类（甘蔗）、落叶浆果类（桑葚、无花果）损耗率降低较为明显，均在16个百分点以上（图14）。根据产量及日常消费选取的15个典型品种中，损耗率降低超过10个百分点的品种有12个。减损比例较高的品种为荔枝、龙眼、菠萝、葡萄、樱桃，减损比例均在70%以上。

（三）项目新增库容可实现果蔬减损近1022万吨

　　基于"十四五"期间，项目建设新增的1964.5万吨库容，根据冷库周转率5次/年计算，可累计存储果蔬9822.5万吨。以果蔬平均减损13个百分点测算，可实现果蔬减损1276.9万吨，其中蔬菜减损约822.3万吨，水果减损约454.6万吨。

　　依据《"十四五"全国农产品产地仓储保鲜冷链物流规划》，预计到2025年，全国累计新增产地冷链物流设施库容4000万吨。依此测算，新增库容年均可实现果蔬减损2600.0万吨，其中蔬菜1674.3万吨，水果925.7万吨。相当于每增加1吨库容，每年可减损0.65吨果蔬。

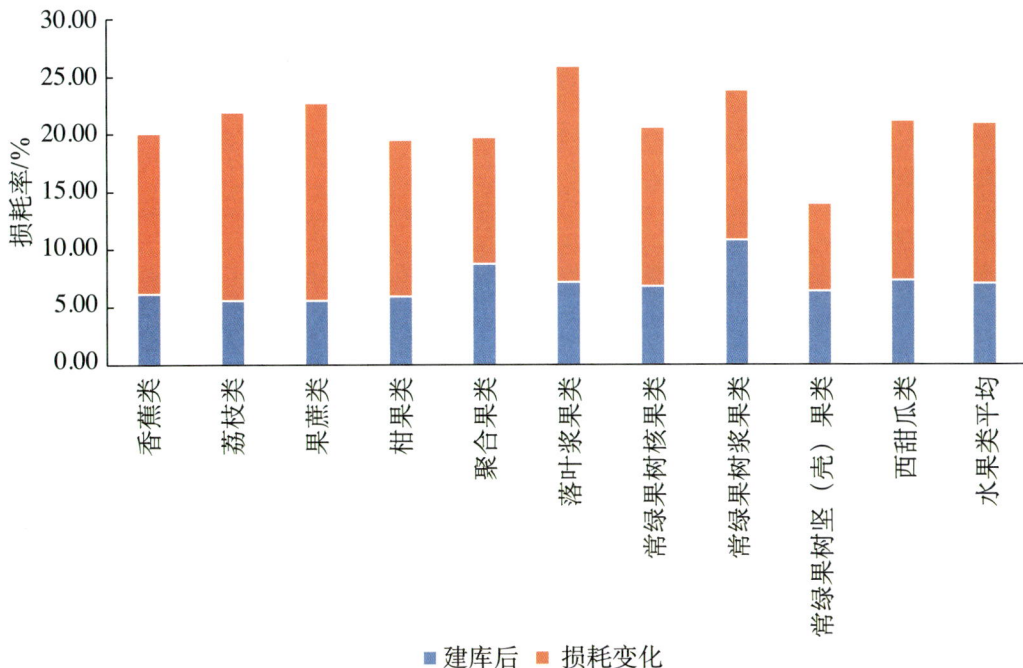

图14 2023年水果建库前后损耗变化

四、农产品产地冷藏保鲜设施综合效益

总体看，农产品产地冷藏保鲜设施建设项目，提升了技术装备水平，完善了服务保障机制，强化了运营管理能力，促进了冷链物流服务网络向农村延伸，推动了生鲜农产品"入库锁鲜、质优价美"，畅通了鲜活农产品末端冷链微循环，有效解决了产地"生鲜难鲜、未卖先损"难题，为服务乡村产业、提高农民收入、增强市场稳定性、保障农产品有效供给提供了有力支撑。

（一）经济效益分析

项目建设契合我国农产品跨地域、反季节的大流通特点，成为供应链的"稳定器""蓄水池"，增强鲜活农产品市场运行稳定性，对推动农民增收、产业增效和巩固拓展脱贫攻坚成果具有重要意义。

1.减少果蔬损耗挽回经济损失可达606亿元

减损就是增收。根据农业农村部"全国农产品批发市场价格信息系统"监测数据，2023年蔬菜平均单价为5.22元/千克，水果平均单价为7.22元/千克，据此测算，项目减损带来的直接经济效益可达757.48亿元，其中蔬菜经济效益为429.24亿元，水果经济效益为328.24亿元。

2.项目实施后销售时间和范围不断扩大

产地冷藏保鲜设施建设运营，不仅可以延长农产品贮藏时间，延长其上市期和供给时长，还能够推动形成生鲜农产品集散基地和田头市场，加强与电子商务、农超、社区团购等新业态的对接，拓展销售渠道，延长销售半径。数据显示，各类农产品贮藏期均大幅增加，其中普遍延长69～106天。同时，93%的经营主体销售范围有扩大，其中销售范围扩大到县外的占比为16%，销售范围扩大到市外的占比为17%，销售范围扩大到省外的占比为57%，销售范围扩大到境外的占比为3%（图15）。

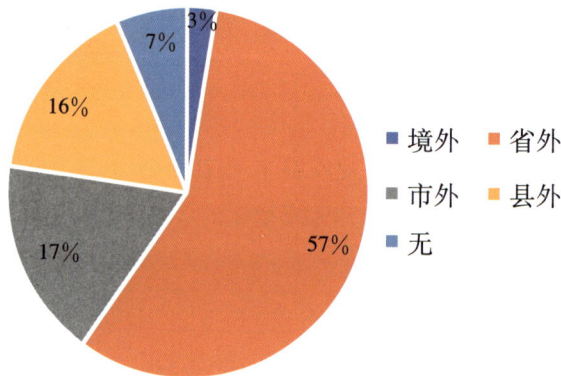

图15　建库后果蔬销售范围扩大情况

数据来源：问卷调查

3.大幅提高主体增收能力

据调查数据测算，建设主体使用产地冷藏保鲜设施后经营收入平均提高了29.3%。其中，东部地区建设主体经营收入提高最多约为41.2%。建设主体收入提高10%及以下的占6.92%，收入提高10%～30%（含）的占51.43%，收入提高30%～50%（含）的占31.21%，收入提高大于50%的占10.44%。

调查显示，项目实施后果蔬类经营主体收益平均增加23.05%，不同经营主体之间无明显差异。不同经营方式对主体收益影响显著，合作社中的合作联营方式、家庭农场中的第三方运营、村集体经济组织中合作联营的方式增收比例较高，分别平均增收23.82%、31.20%、23.73%。

（二）社会效益分析

项目的实施，有利于提升农业质量效益和竞争力，推动消费升级和品牌培育，推动小农户对接大市场，项目已成为农民增收的新平台、新渠道。

1.提升优质农产品供给能力

实现不同季节农产品接续使用、梯次上市的产销新局面，进一步提升了应对跨地域、大流通和反季节消费的能力，有效协调了供给不匹配问题，更好地满足了居民农产品消费升级需求；同时增强了经营实力，实现了淡贮旺销、稳定了销售价格。

2.推动产地新业态快速发展

产地冷藏保鲜设施建设，带动了机械化分级、清洗、包装等采后处理自动化技术装备的投入，实现了产品分等分级储存，进一步提高了商品化处理水平。推动产地源头建设形成田头市场，发挥产业聚集效应，为净菜、预制菜产业发展提供了稳定的优质原料供给，而预制菜产业又使产地加工从粗加工走向深加工，为供给端与需求端提供了最短连接路径。调查数据显示，被调查主体经营的农产品中57.2%通过批发市场销售（图16），还有四成以上农产品通过电商平台、直销等方式流向市场。产地冷藏保鲜设施建设促进了多元流通业态发展，提高了供应链韧性。

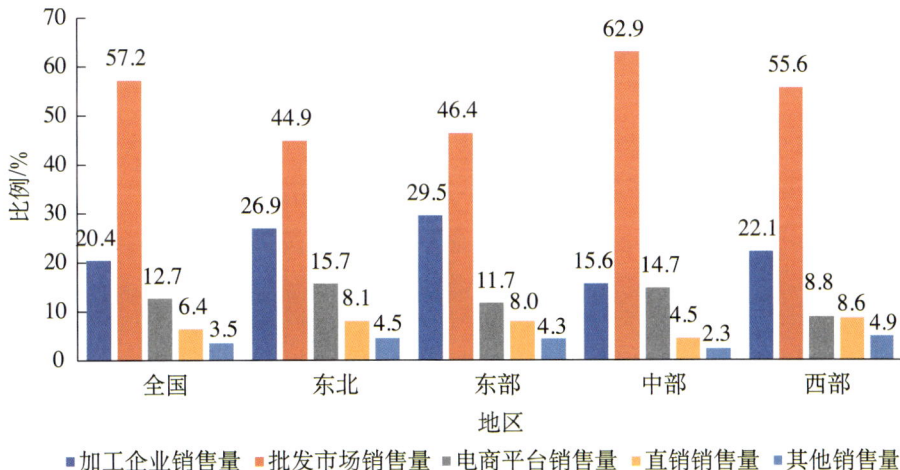

图16 产地冷藏农产品销售渠道

3.提高产地组织化经营水平

产地冷藏保鲜设施建设，推动县域电商运营中心与产地保鲜主体建立稳定的供销关系，实现产地直销，既解决了集中上市销售难的问题，又降低了电商运营成本，一批果蔬品牌的知名度、信誉度、竞争力显著提升。

4.撬动各方面资金投入

连续3年安排中央财政资金，撬动社会资金投入400多亿元，全面推进农产品产地冷藏保鲜设施建设。一些地方省级财政支持农产品冷链物流建设，增加补贴主体，扩大补贴范围，提高补贴比例，成为中央财政的有力补充。金融机构创新产品，优化流程，支持项目建设和后续运营资金需求。

5.提高果蔬等农产品品质

经预冷处理的果蔬，采后呼吸作用明显减弱、品质劣变相关酶活性受到抑制、氧化胁迫功能降低、微生物增长速度明显减慢，果蔬品质劣变进程减缓。冷藏可有效降低果蔬可溶性果胶的含量、提高半纤维素以及纤维素含量，维持果蔬硬度、延缓软化；有效减少亚硝酸盐累积，使果蔬在销售时仍有良好品质。调查显示，产地仓储保鲜设施建设使果蔬产地低温处理率提升约5个百分点，冷链运输比例达到50.8%。

（三）生态效益分析

果蔬生产需要耗费大量水资源和土地资源，生产过程中的化肥农药使用会伴随温室气体排放。通过对果蔬减损的生态足迹、碳足迹和水足迹进行评估发现，减少果蔬损耗能有效缓解我国资源环境压力、减轻环保负担。

1.缓解水土资源压力，新增库容减损量相当于69.9亿米³水资源消耗和约5352.1万亩①土地投入

以新增库容1964.5万吨计算，带动果蔬减损1276.9万吨，其中蔬菜减损约822.3万吨，水果减损约454.6万吨。经测算，减损可减少水资源消耗69.9亿米³，相当于节约土地5352.1万亩。到2025年，减损可减少水资源消耗142.4亿米³，相当于节约土地10897.7万亩。

2.减轻碳排放压力，新增库容挽回的有效供给量可减少碳排放1069.3万吨

以新增库容1964.5万吨计算，经测算，可减少果蔬生产过程中碳排放1069.3万吨。到2025年，减少果蔬生产过程中碳排放2177.3万吨，蔬菜和水果分别减少1557.1万吨和620.2万吨。

---

① 亩为非法定计量单位，1亩＝1/15公顷。——编者注

附：

数据来源。专题1数据来自2022年和2023年项目建设主体问卷调查和典型省份实地调研。全国30个省份的3.2万户建设主体参与调查，选取常见的14大类101个蔬菜品种和10大类49个水果品种进行减损情况核算，对项目建设助力果蔬减损增效，推动产地冷藏保鲜能力、商品化处理能力和服务带动能力提升进行综合评估。

主要计算方法。本评估主要分析果蔬农产品使用冷库前后的损耗变化，即贮藏环节建库后的减损情况。果蔬减损变化、果蔬减损量和生态效益评估方法如下。

果蔬减损变化＝建库前损耗比例－建库后损耗比例。根据调研数据，统计果蔬具体不同品种的减损变化，在此基础上，依据国内贸易行业标准《新鲜蔬菜分类与代码》（SB/T 10029—2012）和《新鲜水果分类与代码》（SB/T 11024—2013）计算具体某类果蔬和总体平均减损变化。

果蔬减损量＝新建库容量×冷库周转次数×减损变化。式中新建库容根据统计数据为1964.5万吨，周转次数依据行业调研数据平均为5次/年，减损变化为果蔬平均，平均减少损耗13%。

水果和蔬菜减损量以2022年国家统计局统计数据为依据，按照水果和蔬菜占果蔬总产量的比例进行折算，公式如下：

水果减损量＝果蔬减损量×[水果总产量/（水果总产量＋蔬菜总产量）]

蔬菜减损量＝果蔬减损量×[蔬菜总产量/（水果总产量＋蔬菜总产量）]

在折算果蔬减损量的基础上，按照《中国农业展望报告（2024—2033）》2023年人均蔬菜、水果表观鲜食消费量185千克/年、112千克/年折算可满足多少人的使用需求。

生态效益评估方法。通过生态足迹、碳足迹和水足迹进行果蔬减损的生态效益评估，计算公式如下。

生态足迹＝水果减损量×水果生态足迹折算系数＋蔬菜减损量×蔬菜生态足迹折算系数

碳足迹＝水果减损量×水果碳足迹折算系数＋蔬菜减损量×蔬菜碳足迹折算系数

水足迹＝水果减损量×水果水足迹折算系数＋蔬菜减损量×蔬菜水足迹折算系数

附表1　不同食物组的生态足迹（EF）、碳足迹（CF）和水足迹（WF）折算系数

食物组	EF/（米²/千克）	CF/（千克CO₂eq/千克）	WF/（米³/千克）
蔬菜	2.10（0.50～9.00）	0.93（0.04～4.92）	0.27（0.00～0.90）
水果	4.05（1.60～13.40）	0.67（0.06～5.12）	1.05（0.14～3.35）

注：1.生态足迹可直接测算果蔬损耗和浪费消耗的土地资源。碳足迹是对某一产品或活动在生命周期内直接及间接引起的温室气体排放量的度量，以CO_2质量为单位。水足迹具体是指某一区域范围内（一个国家、一个地区）或一个人，在一定时间内消费的所有产品和服务所需要的水资源总量。

2.以上参数包含平均值，最小值和最大值三个参数，每个食物组的参数至少来自于两篇全生命周期相关文献的成果报道。

（农业农村部规划设计研究院、农业农村部食品与营养发展研究所、中国农业大学国家农业市场研究中心参与本专题编写）

专题2

农产品产地冷链物流技术装备发展现状与趋势

　　农产品产地冷链物流技术装备应用于农产品产后预冷、分级、包装、仓储等诸多环节，是实现农产品保鲜、腐损率降低和物流作业效率提升的重要手段与保障。随着农村电商的兴起，农产品产地冷链物流发展愈发受到重视，更多先进技术装备迎来更加广泛的应用，但仍然存在冷链物流率低、先进装备缺乏和核心技术缺失等问题，产地冷链物流技术装备仍有待持续升级。展望未来，绿色低碳、信息智能与安全可控将成为产地冷链物流技术装备发展的主流趋势，为行业的可持续发展注入强劲动力。

一、概述

（一）产地冷链物流工艺技术流程

　　果蔬冷链物流工艺技术流程。果蔬冷链物流工艺技术流程是指果蔬在采收之后，通过整理、分拣、分级、清洗后进行产地预冷，通过冷藏车或铁路集装箱或航空货运（需要进行冷藏车预冷处理）运送到产地冷库或产地集散中心，经过流通加工环节的包装与标识之后，运往产地批发市场，冷藏车将果蔬冷藏运输到超市、商店或销地批发市场到达零售商的冷藏陈列柜。随着生鲜新零售商业模式兴起，果蔬也可通过电商平台直销到消费终端环节。果蔬冷链物流工艺技术流程如图1所示。

　　肉类冷链物流工艺技术流程。肉类冷链物流工艺技术流程主要包括畜禽检疫检验、畜禽屠宰加工、冷却、排酸、分割后进入流通加工环节，冷藏品和冷冻品分别储存，经配送中心分拨配送至销地市场，经验收合格后进入销地批发市场，最后进入农贸市场、商超、便利店终端销售环节，或进入餐饮、肉类加工企业加工后出售。肉类冷链物流工艺技术流程如图2所示。

生产种植环节

农户/种植基地/进口

采收（15～30℃）

整理、分拣、分级、清洗

预冷（−2～15℃）

电商对接/电商平台

冷藏车/铁路/航空运输（0～15℃）

流通加工环节

产地冷库/低温配送中心（0～15℃）

包装与标识

产地批发市场/农产品加工企业（0～15℃）

零担运输

贸易消费环节

冷藏车运输

销地批发市场/低温配送中心（0～15℃）

超市/商店/便利店/批发市场等零售商冷藏陈列柜（0～15℃）

家庭冰箱/餐饮小型冷库

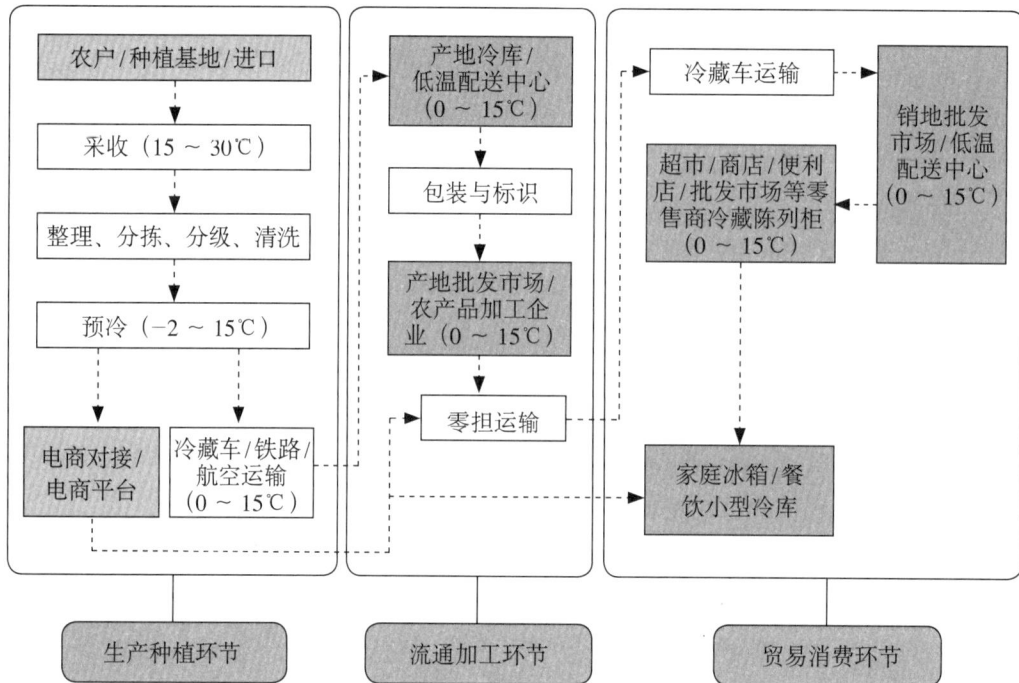

图1　果蔬冷链物流工艺技术流程

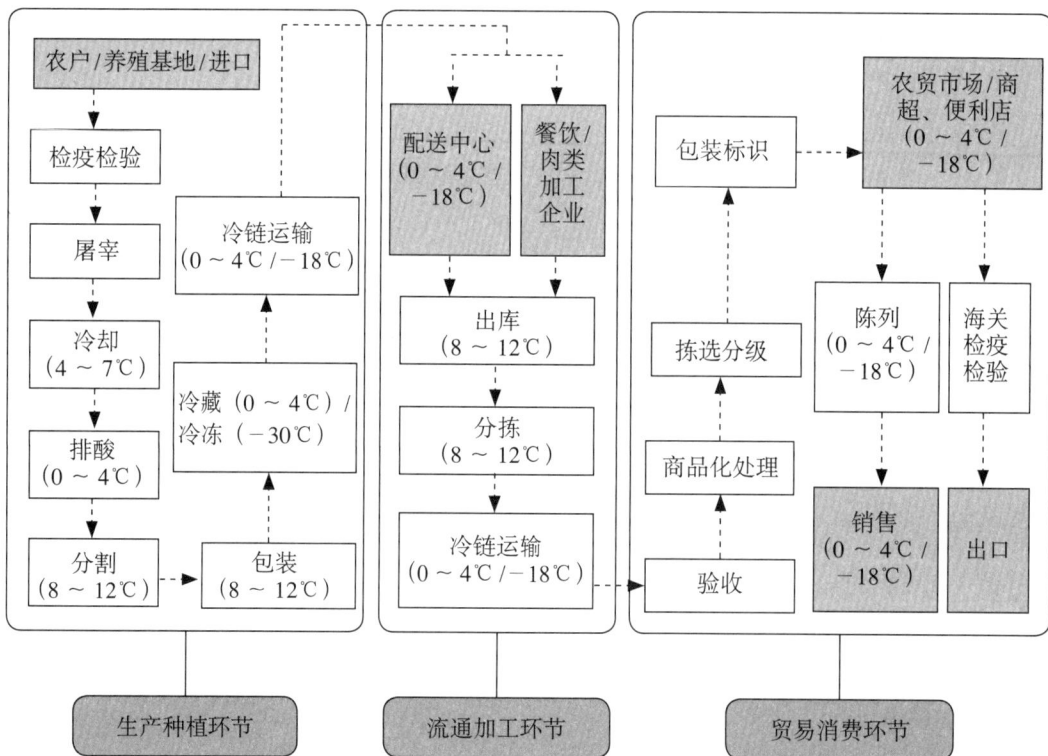

生产种植环节

农户/养殖基地/进口

检疫检验

屠宰

冷却（4～7℃）

排酸（0～4℃）

分割（8～12℃）

冷链运输（0～4℃/−18℃）

冷藏（0～4℃）/冷冻（−30℃）

包装（8～12℃）

流通加工环节

配送中心（0～4℃/−18℃）

餐饮/肉类加工企业

出库（8～12℃）

分拣（8～12℃）

冷链运输（0～4℃/−18℃）

贸易消费环节

包装标识

农贸市场/商超、便利店（0～4℃/−18℃）

拣选分级

商品化处理

验收

陈列（0～4℃/−18℃）

海关检疫检验

销售（0～4℃/−18℃）

出口

图2　肉类冷链物流工艺技术流程

水产品冷链物流工艺技术流程。水产品冷链物流工艺技术流程主要包括水产养殖和捕捞/跨境冷链、渔业企业加工冻结储藏、批发市场/配送中心冷库储藏、农贸市场/超市/宾馆/餐饮冷柜、消费者等具体环节。水产品也可经水产品副食加工企业或速冻食品加工企业被再加工成副食品或速冻食品，转售给商场或餐饮企业等进入终端消费环节或直接进入海关/港口。水产品冷链物流工艺技术流程如图3所示。

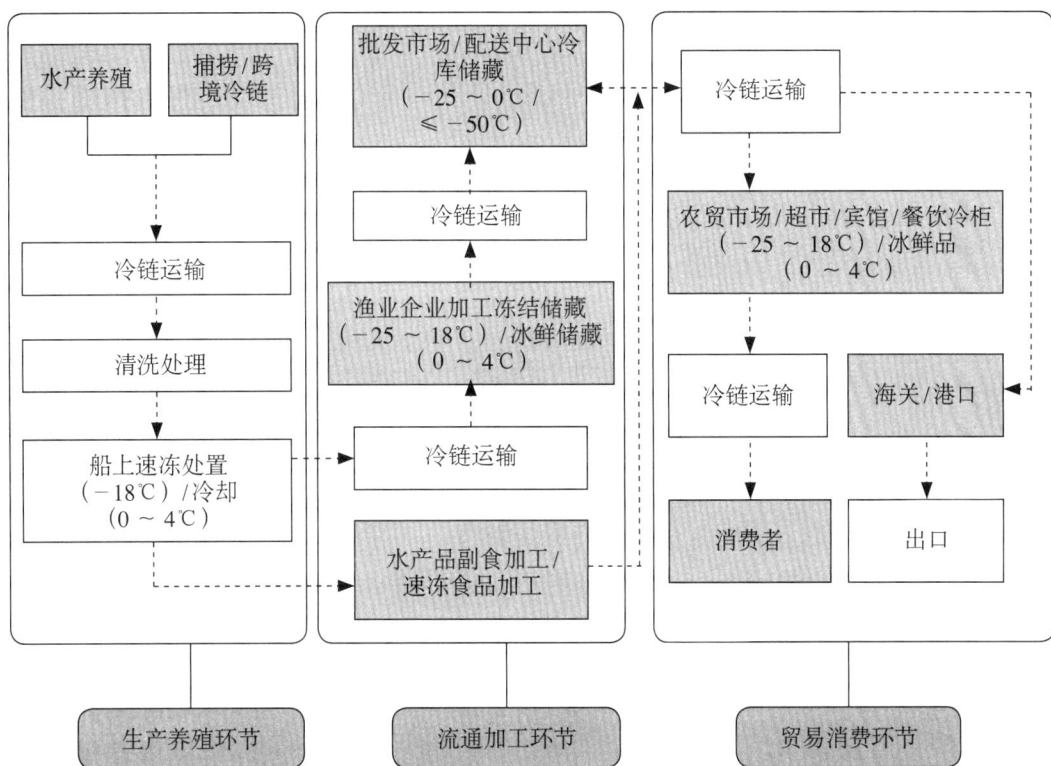

图3 水产品冷链物流工艺技术流程

（二）产地冷链物流主要设施装备

产地冷链物流设施装备主要包括冷冻冷藏设施装备（冷库）、商品化处理设备、装卸搬运设备、冷链运输设备和信息化管理系统等。冷冻冷藏设施装备（冷库）是整个产地冷链物流的核心节点，起到贮藏、转运的功能，其基本组成包括制冷系统、电控装置、有一定隔热性能的库房等，配套货架、托盘、货箱等附属设施设备。产地商品化处理包含清洗、分选分级、加工、包装等环节，设备涉及清洗设备、分选分级设备、预冷设备、切分切块设备、速冻设备、包装设备等。产地装卸搬运设备以叉车、起重机、牵引机、输送设备等常规设备为主，设备具体功能和使用场景因设备类型而异。产地冷链运输中最普遍最常见的方式是公路运输，通常采用两种运输设备，一种是装有小型制冷设备的冷藏汽车，另一种是仅用隔热材料保温的保温车，近年来主要发展了多温区冷藏车、蓄冷冷藏车和电动冷藏车。相关信息化管理系统随着自动化和信息化技术的发展，越来越多应用于产地，主要包括仓库管理系统、运输管理系统、物流配送信息管理系统和溯源管理系统。

二、产地冷链物流技术应用情况与特点

（一）果蔬

果蔬预冷得到重视，实际应用仍以预冷库预冷为主。随着冷链物流的快速发展，农户及冷链运输者逐渐认识到预冷在维持品质和延长保鲜期方面发挥的重要作用，预冷技术推广应用越来越普遍。常见的果蔬预冷方式包括自然降温冷却、水冷预冷、预冷库预冷、压差预冷和真空预冷，其中最常用的是预冷库预冷，占比达65.33%（图4），其次是自然降温冷却。压差预冷速度是普通风预冷的2~6倍，适用于硬度较大的果蔬，如苹果、桃、番茄和黄瓜等。但由于压差预冷投资运行费用较高，码垛堆积耗费时间，人工成本较高，应用不广，主要集中在山东、云南、广东等地。真空预冷技术，具有预冷速度快、效果好的特点，但适用范围有限，在我国东南沿海蔬菜、食用菌主产区配比较高，其他地区几乎很难见到。

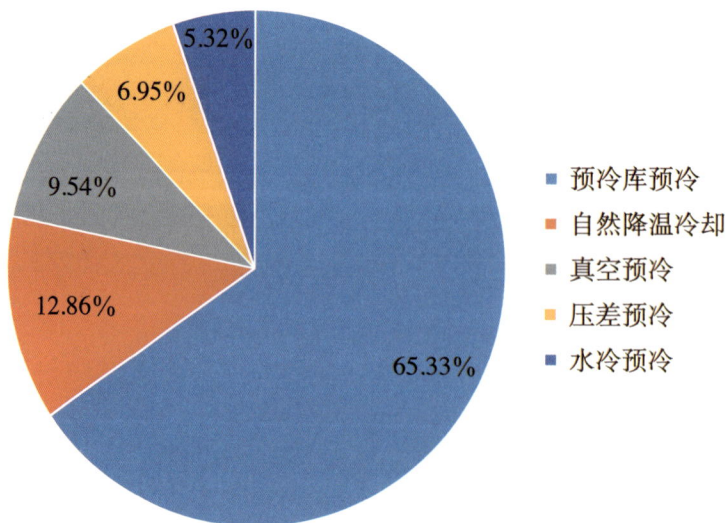

图4　农产品产地预冷方式

果蔬保鲜技术多元，天然成分保鲜剂成为发展趋势。世界范围内广泛采用和正在研究的贮藏保鲜技术包括低温保鲜、气调保鲜、辐照保鲜、减压保鲜、臭氧保鲜、涂膜保鲜、化学杀菌剂保鲜、1-甲基环丙烯（1-MCP）保鲜（图5）等。众多保鲜技术中产地实际应用最为广泛的是低温保鲜技术、化学杀菌剂保鲜技术和1-MCP保鲜技术。1-MCP保鲜技术较为成熟，广泛用于猕猴桃、菜花、苹果、辣椒、梨、桃、葡萄等果蔬产品的产后贮藏保鲜。相较于化学合成保鲜剂，天然成分提取物制作的保鲜剂具备更强的抑菌作用，且用量使用限制较小、无味无毒，更适用于果蔬等生鲜农产品保鲜。但天然成分提取工艺复杂、得率不高，导致保鲜剂成本高，行业应用受到限制，未来将进一步降低生产成本，推动天然成分保鲜剂应用。

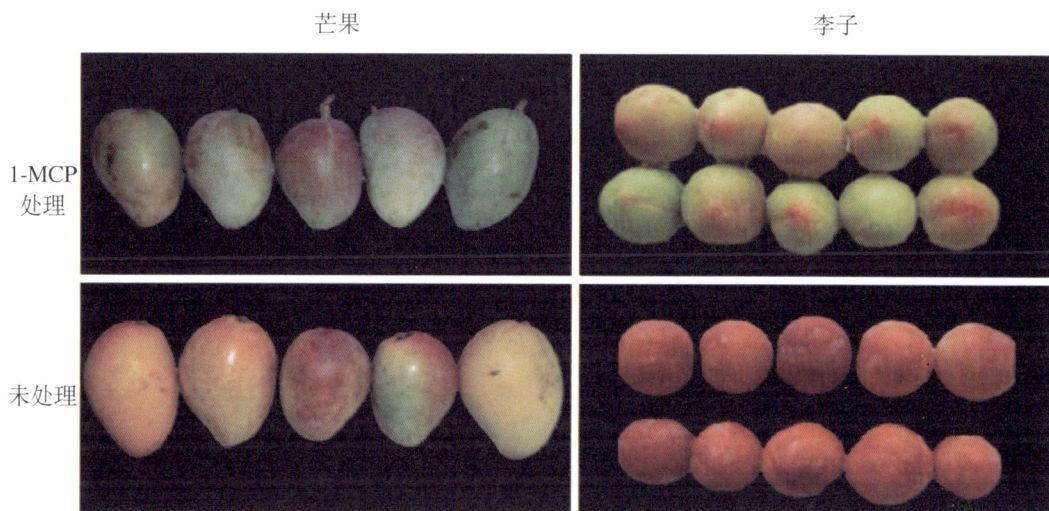

图5　1-MCP保鲜技术处理效果

（二）肉类

畜胴体以风冷冷却为主，禽胴体以浸渍冷却为主。畜胴体较大，实际生产中主要采用风冷技术，该技术换热效率较低，通常通过降低冷风温度、加快冷风流速来提升胴体降温速度，企业出于经济效益和生产工艺考虑，主要采用一段式冷却和二段式冷却。禽胴体较小，实际生产中常采用浸渍冷却技术，以自来水和自来水加片冰冷却方式为主，近年来开始应用的禽胴体红水冷却装置通过制冷装置将冷却水循环进行冷却，减少了耗水量和冷却能耗，具有良好的应用前景。

畜禽肉冻结以空气式冻结技术为主，强制风冷和液氮速冻等快速冻结技术为辅，**物理场辅助保鲜技术方兴未艾**。冷冻是肉品长期保存的有效方法之一，由于畜胴体较大，一般将其分割、分切后冻结，而禽胴体较小，大多采用整只冻结。根据冻结速度快慢，畜禽肉冻结可分为一般冻结和快速冻结。实际生产中，以空气式冻结为主的一般冻结技术应用更为广泛；受市场需求、产品定位等因素影响，强制风冷和液氮速冻等快速冻结技术应用相对较少。近年来物理场辅助保鲜技术在肉类冷冻冷藏中受到广泛关注，物理场辅助保鲜技术被证实具有提高肉类保鲜效果、延长肉类货架期的作用。该技术目前尚处于应用初期，已有个别企业使用配套电场辅助功能的冷藏车运输高附加值生鲜肉产品，该技术在未来有望得到广泛应用。

包装技术已成为保持肉品质、延长货架期、保障安全的重要手段。包装是保持肉品质、防止微生物污染的有效方式，目前肉类常用的包装方式有托盘包装、真空包装、气调包装等。其中，高阻隔包装膜实现了对包装内部环境的主动控制，维持适合肉类贮藏保鲜的微环境，有效抑制了肉类优势腐败菌的生长繁殖，延长了肉类货架期。随着消费升级、食品安全意识提升，具有抗菌、抗氧化等功能的活性包装材料逐渐受到关注，具有抑菌抗氧化的高阻隔活性包装材料应用前景广阔。

（三）水产品

水产品冻结技术多样，产业应用成熟。水产品腐烂变质速度非常快，将水产品冻结（温度降到 $-18℃$ 以下并在 $-18℃$ 以下贮藏），经镀冰衣、包装后贮藏，适用于原料、初加工和调理水产品等各类水产品及其制品。水产品的冷冻包括鼓风冻结、平板块冻、螺旋冻结、浸渍冻结和液氮冻结。根据水产品形态、价值、用途等因素，各类技术都有应用。如虾、虾仁等小个体或鱼片等厚度较小的水产品的单冻主要采用鼓风隧道冻结技术；黄鱼、鲳鱼等多采用螺旋隧道冻结或用载冷剂的浸渍冻结技术；鲍鱼、牛蛙等产品因价值较高，多采用液氮喷淋冻结技术。

水产品保鲜技术以冰藏保鲜为主。根据市场需求，带鱼、大黄鱼和对虾等水产品，以及三文鱼、调理鱼片等分割水产品需要采用保鲜技术。生鲜水产品保鲜技术包括冰藏保鲜、微冻保鲜、冷海水保鲜、冰温保鲜等，受材料易得性、操作方便性、应用成本和设备要求等因素影响，冰藏保鲜技术应用最为广泛。产业实际中通过空气或冷海水等冷却介质，使生鲜水产品温度降至接近冰点（多是 $0\sim4℃$）的温度从而达到冷藏保鲜目的。对于需要较长保鲜期的生鲜水产品，可以采用微冻保鲜和冰温保鲜。

水产品保活运输普遍采用有水保活技术。活鱼、活虾、活蟹等是我国水产品消费的主要形式，水产品保活运输在水产品冷链物流中尤为重要。水产品保活运输技术可分为有水保活和冰温无水保活，其中通过加冰降低运输水温的有水保活技术应用最为广泛，占比达到90%，通过该技术可有效减少水产品因运输应激反应造成损伤。无水保活技术仅应用于短距离鱼类的运输，一些甲壳类的水产品也会采用无水保活技术。如波士顿龙虾、大闸蟹、黄颡鱼、鲟鱼等价值高的水产品会采用无水保活技术运输，通过将水产品降温到生态冰温附近，使其处于半休眠或者完全休眠状态，以减少机械损伤、延长存活时间。

三、产地冷链物流设施装备应用情况与特点

（一）冷库建设水平稳步提升，移动冷库受到重视

冷库是农产品产地实现冷链功能的重要载体，按建筑结构分包括土建式冷库、装配式冷库和夹套式冷库三种。早期受保温材料发展影响，产地冷库以土建式为主，近几年基于缩短工期、减少用工等方面考虑，装配式冷库已成为主流。保温材料决定冷库的保冷效果和使用能耗。目前，我国新建产地冷库的库板和顶棚保温材料以聚氨酯为主，地面保温材料以密度更高、绝热性能更好的挤塑聚苯板为主，防火等级都应达到B1级。制冷系统是冷库的核心系统，由压缩机、冷凝器、蒸发器、节流装置和制冷辅助设备等构成。其中制冷压缩机中开启式螺杆和活塞压缩机组是大中型设施的主流选择，安全和环保压力下封闭式压缩机组逐渐成为发展方向，全封闭式涡旋式压缩机则在中小型系统中显示出替代趋势。我国制冷设备用压缩机的生产能力稳步增长，2023年产量约6.64亿台，同比增长11%（图6）。制冷剂不但关乎冷库的运行能效，还与运行安全、环境污染、碳排放等直接相关。目前冷库常用制冷剂为氢氟碳化物，氨、二氧化碳等天然物质和碳氢类化合物。其中氢氟碳化物因为安全性高、对臭氧层无破坏作用得到广泛应用，但该类制冷剂碳排放量高，应用时应有效降低泄漏风险。此外，近年来移动冷库是冷链物流行业的一个重要创新，可用于产地"最先一公里"的农产品冷链预冷保鲜，实现田间地头无源环境下的预冷环节，以及农产品季节性产出下的全国调拨，

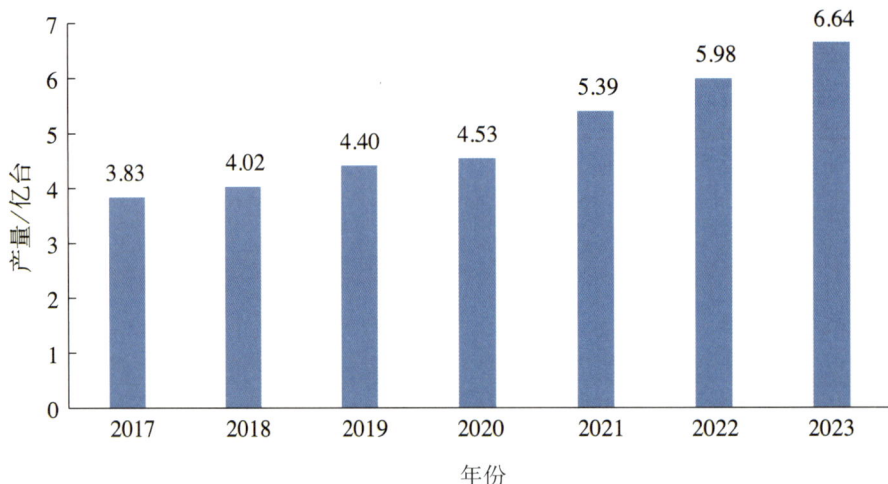

图6 我国制冷设备用压缩机产量

满足农产品冷链流通需求。目前,农产品电商平台纷纷开始使用移动冷库,通过快速布仓支持生鲜农产品的产地存储和配送。部分地区高度重视移动式冷库建设,鼓励经营主体购置快速预冷箱、移动式速冻箱、模块化组合冷箱等移动式冷链装备,为产地冷链物流体系建设提供了重要支撑。

(二)预冷设施推广快速,专用装备应用有所提升

近年来果蔬产地预冷发展较快,果蔬预冷设施装备正在向专业化方向发展,专用预冷库推广应用有所提升。目前我国果蔬产地预冷使用专用预冷库的比例已达到30%,与之前主要采用普通冷库进行预冷相比有了显著提升,但因缺少预冷库设计规范,各地建设的预冷库标准不一,仍存在预冷效果不理想的问题。除专用预冷库外,真空预冷装备、冰水预冷装备也都有极大提升,真空预冷装备预冷速度快、效果好,在我国刚刚起步。2021年,果蔬冷链物流领域真空预冷机需求总量约为289台,市场规模仅为1.05亿元,同比增加6.4%(图7),主要用于出口蔬菜和食用菌的预冷。果蔬预冷设施装备产业集中度低,相关企业规模小、分布散,规模以上企业市场份额不足10%。

(三)速冻设备相对成熟,设备基本实现国产化

农产品速冻设备种类繁多,根据农产品的种类、形态、价值、用途等因素,各类设备都有应用(表1)。从1973年我国引进第一台螺旋式速冻机到现在,国内企业开始大量合作、引进、自主研发速冻设备,逐渐缩小了与国外先进技术的差距。目前,我国速冻设备生产技术成熟,设备基本实现国产化,

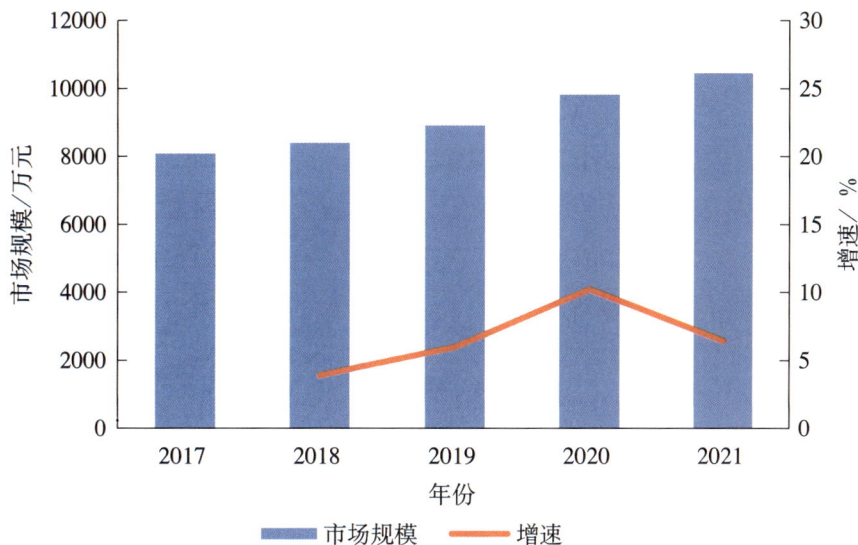

图7 果蔬真空预冷设备市场规模及增速

数据来源：共研网

广泛用于肉类、水产品、果蔬等农产品的产地加工。全国速冻设备生产企业较多，市场相对集中，大型厂家占据市场总规模70%以上，行业竞争相对激烈。随着人们对方便、营养、安全食品的需求日益增加和对农产品产地加工的重视，速冻设备的市场需求也不断扩大。近10年，速冻设备行业规模总体增速比较明显，年均增速为12.9%，2022年达到19.7亿元（图8）。

表1 速冻设备类型及适用范围

冻结方式	产品类型	适用范围
空气循环式	隧道式速冻装置——吊挂式	适用于大型水产品及家禽胴体
	隧道式速冻装置——吊篮式	适用于中小体积水产品、果蔬
	隧道式速冻装置——传送带式	适用于形态比较小、冻结时间比较短的蔬菜、水产品、果品和分割肉
	螺旋式速冻装置（单螺旋、双螺旋）	适用于体积小而数量多或厚度大、体积大、进料温度高的果蔬、水产品、肉类产品
	流态化速冻装置	适用于颗粒、条状、片状等软水产品、果蔬产品
接触式	平板冻结装置	适用于块状、片状的各类产品
	搁架冻结装置	适用于各种水产品、肉类产品、果蔬类产品

冻结方式	产品类型	适用范围
喷淋式	液氮或液体二氧化碳深冷冻结装置	适用于珍贵水产品、珍稀食用菌、扁平状肉禽等需深冷冻结产品
浸渍式	沉浸式冻结装置	适用于大型鱼类、胴体

（续）

图8　近10年速冻设备行业规模及增速

（四）冷藏车呈高速增长，新能源冷藏车受关注

近10年我国冷藏车保有量一直保持高速增长态势，年均复合增长率超过20%，2023年冷藏车保有量约为43.2万辆，同比增长17%（图9）。华东地区增长最快，仅2023上半年冷藏车销量就达到8260辆，占全国销量的1/3。传统能源（如柴油和汽油）冷藏车市场占有率高，其中柴油类冷藏车占比为83.2%，汽油类冷藏车占比为11.1%，新能源冷藏车的市场份额较小，仅为5.7%，但增长速度较快，新能源冷藏车仍然被视为行业未来的发展方向。2023年我国新能源冷藏车总销量为4583辆，同比增长56.9%。卡系车型依然是主流车型，VAN系车型刚刚起步，其中轻卡车型3197辆，占比为69.8%。

（五）果品分选装备普及率高，智能分选装备开始应用

为实现果蔬优等优价，需要将果蔬按照规格尺寸、内在品质进行分等分级，并及时挑选剔除有问题的果蔬。除番茄、包菜、马铃薯等形状规则的蔬菜使用分选装备外，多数蔬菜以人工分选为主。果品因形状相对规则、价值较高，分选装备推广应用较快，目前产地果蔬仓储保鲜设施建设主体中80.1%都

图9　2012—2023年我国冷藏车保有量

数据来源：中物联冷链委

配备了分选分级装备。分选装备按分选技术可分为机械分选装备和光学分选装备，对果品来说，按照单果的尺寸或是重量进行分级的机械分选装备已基本普及。采用机器视觉、光谱检测等设备，配套多源信息融合品质检测模型或自适应品质检测模型的光学分选装备，可根据表皮颜色、外观损伤、成熟度、内在食用品质等对果品进行分选，已应用于脐橙、芒果、菠萝、蓝莓等高附加值果品。

（六）信息化装备加快应用，数字冷库初现端倪

当前，随着我国移动终端、5G、光纤宽带等通信网络基础设施建设日趋成熟，加之各种柔性材料制造、网络传感、远程通信设备等工业产品不断成熟，成本大幅下降，越来越多的产地冷链物流设施开始配套建设温湿度、二氧化碳传感、有毒气体报警、视频监控、电量控制装备以及手机App等信息化设备和信息系统，初步实现了冷库运行情况和数据的远程采集、分析和控制。同时，条形码、射频识别（RFID）、电子数据交换（EDI）系统、物流管理信息系统、产品信息追溯系统、车辆导航系统、地理信息系统（GIS）、车载温控仪、视频监控技术、冷链快递一体柜等信息化技术与装备在冷链物流运输配送环节加快应用，让产地冷库和冷藏车辆装上数字化发展的翅膀。此外，山东、浙江、内蒙古、四川等部分地区积极探索开展数字冷库建设，开发产地冷藏保鲜设施信息平台，配置物联网智能环境采集控制、应急调度管理、共享冷库、农产品溯源等系统，实现产地冷藏保鲜设施"一张图"管理，

让冷库更智能、更惠农，通过实时发布空闲冷库信息及精准的数据分析，将县域冷库空置率降低20%（表2）。

表2　当前我国农产品冷链物流数字化应用创新主要涉及技术

序号	重点技术攻关	主要内容
1	产地仓储设施智能信息采集技术	聚焦田头仓储设施和冷链集配中心仓储设施，依靠仓库智能环境监测设备、各种类型的相机、红外热成像仪与传感器、微波探测仪、RFID终端等矩阵构成的监测网络，以及由自动感应地磅、多合一气体监测传感器、冷链机组运行监测模块、信号压缩感模块、5G通信盒子等构成的（仓储环境）物联网智能环控系统，来提升农产品仓储环境的智能信息采集能力
2	物流载体智能信息采集技术	聚焦农产品运输环节，依靠高精度相机、温湿度传感器、运输环境气体监测仪、红外热成像仪、智能冷链监测网络终端、IMV运输环境用记录仪、GPS定位设备以及相关设备的信息化改造，提升农产品运输环境的智能信息采集能力
3	农产品流通大数据平台研发	农产品流通大数据平台由仓储信息管理软件、数据安全管理软件、交易管理软件、农产品（仓储物流）电子商务软件、农产品产地冷库标记软件与大数据挖掘分析云平台共同构成软件体系，并购置海量数据存储系统与大数据服务器进行数据管理和分布式算法开发，同时配置数字流通虚拟现实设备来提升农产品流通大数据的可视化与统计分析能力
4	病原微生物的生物传感关键检测技术	一是病原微生物的特异性分离及高效富集。针对目前免疫纳米磁分离中存在的数量少、干扰大、富集难、效率低等问题，拟从大体积中分离出来更多的目标病原并富集于小体积中，在较短时间内将目标病原的浓度提升至可检测的水平。二是病原微生物的简单、快速、灵敏检测。针对目前阻抗生物传感器存在的反应慢、信号弱、成本高等问题，以及光学生物传感器存在的操作难、干扰大、成本高等问题，拟从工程、生物和材料等不同学科角度出发，多管齐下探索新型生物传感器方法
5	产地环节果蔬重金属快速检测技术	一是基于激光诱导击穿光谱学（LIBS）技术的产地环节果蔬样本重金属污染快速筛查。二是基于LIBS-电沉积方法联用的果蔬、土壤和灌溉水中重金属含量的准确检测。为产地环节重金属污染信息和污染来源分析提供数据支持
6	食品供应链微生物污染风险评估技术	研制生物传感器网络部署方案及数据推断模型，对微生物污染风险进行实时评估；计划购置专用矩阵分析系统及数据处理单元，通过智能计算实现模型的设计、测试及应用
7	农产品营养动态高通量诊断关键技术	以"机理研究-技术突破-装备创制"为主线，研究农产品"吸收-发射"多维光谱学数据融合方法与营养动态诊断机理，突破信号混叠、特异性信号与时序动态解析关键技术，建立农产品营养品质轻简化诊断模型；在机理研究和技术突破的基础上，创制敏捷型农产品营养动态诊断传感器

（续）

序号	重点技术攻关	主要内容
8	农产品智慧物流追溯系统研发计划	一是农产品智能配送车研发，通过改造农产品智能配送车，可实现对基地—商超环境感知数据的采集，在此基础上研发配送车行进控制策略以及控制系统，可实现农产品自主配送；二是构建从农产品生产基地到商超等主要场所的环境数据集
9	农产品流通环节柔性传感器制备及测试技术	获取流通过程中柔性传感器的性能变化趋势及规律，从而为物流运输的方式选择、时间、包装方式、农产品检验检疫设计等提供有效的数据参考
10	基于增强现实技术的数字农产品流通环节的快速品质检验方法	利用 Hololens 2 增强现实眼镜的摄像头，拍摄常见农产品在各个流通环节中的照片，构建数据集；设计计算机视觉、机器学习算法，实现对农产品的分类和品质参数的估计；将所设计的算法与 Hololens 2 硬件进行整合，将品质参数实时显示在 Hololens 2 增强现实眼镜上，使质检人员能够快速获得可靠的品质参数
11	农产品质量安全精准预警和溯源	一是使用数据库、传感器等技术采集农产品在生产、仓储、消费等环节的信息；二是综合利用 5G、以太网、GPRS 等远程通信技术与 WiFi、蓝牙等近程无线通信技术，实现信息的全程互联互通、开放共享与更新，结合农产品信息传输共享系统以及大数据技术与相关数据监测设备与技术，实现农产品溯源信息的更新与快速共享；三是通过农产品流通大数据平台进行数据处理
12	农产品流通质量安全与营养健康的监管技术	利用 EPC 标签、RFID、GPS、超高清摄像头、温湿度监测、温湿度控制、环境气体成分监测与控制等设备，实时跟踪监测与管控农产品流通过程中产地、运输、仓储、配送四个环节的农产品质量安全与营养健康状态
13	基于可视化及柔性阻抗的果蔬品质监控与追溯关键技术	针对热带水果的生理特征，将电阻抗成像与断层扫描成像相结合，快速有效获取内部图像与图谱信息，系统辨识特色热带水果冷链质量安全关键风险点，构建水果品质变化如冻害、缺水、发霉、内部腐烂等特征库，构建表征品质指标的特征库，构建水果质量关键风险参数传感响应机理模型及其品质多参数动态耦合方法，开发相应的物联网关键传感技术；应用多源信息融合、统计过程控制等技术，研究特色热带水果冷链北运品质监控与追溯技术，构建水果物流动态监控与货架期预测模型；分析与构建特色热带水果质量安全风险评估模型，优化水果冷链保鲜参数；集成以上技术、模型与方法，研发无缝化、全信息的质量安全实时监控与追溯系统

四、产地冷链物流技术装备发展趋势与发展方向

农产品产地冷链物流是确保农产品从产地到消费者手中保持新鲜和安全的关键环节。随着科技的发展和市场需求的提升，农产品冷链物流设施技术装备正朝着绿色低碳化、信息智能化和安全可控化的方向发展。

（一）绿色低碳化

绿色低碳化发展是农产品产地冷链物流响应全球环保趋势的必然选择。当前，产地冷链物流能耗水平较高，迫切需要从节能技术装备和环保材料等方面加大研发力度，加快节能减排和低碳转型步伐，实现可持续发展。**节能技术方面**，应大力发展冷链系统节能技术、可再生能源驱动制冷技术、冷库节能技术、基于清洁能源汽车的冷藏运输技术等节能技术。**装备研发方面**，需要推动冷链物流设备的创新升级，研发更加节能、环保、智能的冷链设备。例如，开发具有高效节能制冷技术的冷藏车、冷库制冷机组等，提高设备的能效水平。**环保材料方面**，传统制冷剂如卤代烃等，对臭氧层有破坏作用，同时也会产生温室效应，研发环保新工质，研究、开发和完善使用二氧化碳、氨和碳氢制冷剂等新型环保制冷剂的制冷系统装备，对于解决传统制冷剂对环境产生负面影响的问题具有重要意义。**冷链运输方面**，研究、开发新能源冷藏技术装备，推广使用电动冷藏车、氢能源冷藏车等，减少传统燃油车尾气排放对环境的污染。

（二）信息智能化

信息化和智能化是农产品产地冷链物流技术装备发展的关键方向，通过集成先进的信息技术和自动化设备，提高物流效率和准确性。**信息共享方面**，品质感知技术、环境参数感知技术、产品位置感知技术、农产品安全追溯技术、控制决策优化技术等将发挥越来越重要的作用，以实现各环节实时数据监控，实现信息共享和协同运作。**智能技术装备研发方面**，产地冷链集配中心和骨干冷链物流基地自动化立体仓库、自动分拣系统、自动化堆垛机、物流机器人、智能拣货系统、温湿度监控等设备推广应用水平显著提升，产地冷链智慧仓储管理、运输调度管理等信息系统日趋成熟。**精准环境控制方面**，综合制冷系统容量调节、均匀供冷末端设备、气流组织优化等技术，发展储运环境参数精准控制的产地冷链装备和设施成为重要趋势，通过与人工智能、自动化等科技紧密结合，实现根据农产品种类进行精准差异化温度调控的冷

链物流循环保障。

（三）安全可控化

安全性是农产品产地冷链物流技术装备发展的底线和基本要求，建立安全产地冷链物流体系是关系国计民生的重大产业和技术问题。**技术装备方面**，采用环境友好型制冷剂的制冷系统和冷链装备将日趋普及，研发高效安全的冷链装备用碳氢制冷系统、氨制冷系统、二氧化碳制冷系统。**安全防控和应急处置方面**，对可燃制冷剂和可燃有毒制冷剂进行严格管理，依法依规操作是安全使用的基本保障，研发制冷剂风险评估、安全使用、充注减量、泄漏检测、应急处置等制冷剂安全防控技术，研制冷链用环保工质高效制冷装备及其安全防控装备。**杀菌消毒方面**，目前绝大多数杀菌消毒技术在冷链低温环境下的有效性未得到充分证明，需发展适用于产地冷链的杀菌消毒技术，配备高效、适用的杀菌消毒技术和装置。

（本专题由农业农村部规划设计研究院、中国农业科学院农产品加工研究所、上海海洋大学、中国农业大学食品学院、国家农产品保鲜工程技术研究中心（天津）、中华全国供销合作总社济南果品研究所、北京物资学院、北京市农林科学院信息技术研究中心、中国物流与采购联合会等单位编写）

专题3

农产品冷链物流标准发展现状与展望

标准是支撑农产品产地冷链物流高质量发展的重要技术力量。随着我国农产品产地冷链物流规模壮大，农产品冷链物流标准化工作得到进一步加强，成立了农产品产地冷链物流标准化技术委员会，标准的数量和质量都有所提升。截至2023年，我国现行农产品冷链物流国家标准、行业标准、地方标准和团体标准共822个，涉及设施设备、物流技术、作业与管理等诸多方面，涵盖了农产品预处理、贮藏、保鲜、包装、储存、运输等诸多环节，对规范产地冷链相关行业发展起到了积极作用。

一、发展现状

（一）农产品冷链物流标准层级健全

1.融入国际标准制定

国际标准是指导国际贸易、协调国际贸易纠纷的重要准绳。我国因农产品冷链物流标准化工作起步较晚，较长一段时间内，在国际标准制修订中一直处于劣势。直至2020年《无接触式冷链物流服务要求》标准编制时，我国才参与到国际标准制定中。2021年5月，中国物流与采购联合会正式成为国际标准化组织冷链物流技术委员会（ISO/TC315）的中国技术对口单位，并开始推动首个由我国主导的国际标准《无接触式冷链物流服务要求》制定，冷链物流国际标准化水平不断提升，展现了中国冷链物流领域的技术能力和标准化水平。

2.行业标准和地方标准比重大

农产品冷链链条从产地一直贯穿到销地，涉及产品、装备、技术、管理等多个领域，涵盖了农业、供销、商务、林业、交通、邮政等13个部门，因此行业标准数量多，约为200个[①]，且都是推荐性标准。我国地域辽阔，地方特色农产品种类多，据不完全统计，现行的农产品冷链物流地方标准有329个[②]。农产品冷链物流行业标准和地方标准占现行有效农产品冷链物流标准的60%以上（图1）。

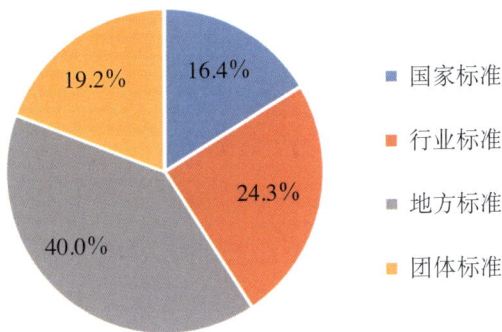

图1　我国农产品冷链物流不同层次标准占比情况

3.团体标准增长迅速

国家标准、行业标准和地方标准虽然发展快，但总量仍不能满足农产品冷链发展的需求，特别是行业突发需求或创新技术应用等方面的需求，需要团体标准进行有力补充。2017年全国冷链联盟团体标准《冷链运营管理规范》（T/WD 101—2017）正式发布，这是我国第一部农产品冷链物流团体标准。2018年，《中华人民共和国标准化法》正式确立团体标准的法律地位，从此团体标准进入快速发展阶段。仅6年时间，我国农产品冷链物流现行团体标准就多达158项[③]。团体标准的发布有利于激发市场主体的活力、满足市场现实需求、促进行业健康可持续发展。

（二）农产品产地冷链物流标准发展壮大

1.农产品冷链物流标准总数增长快

2000年以来，我国农产品冷链物流设施建设进入快速增长阶段，随着冷链物流设施存量增加，农产品冷链物流标准也开始受到重视，特别是北京奥运会筹备期间，为保障奥运会食材供应的新鲜与安全，果蔬等农产品的冷链

---

①　行业标准数据来自《中国冷链物流标准目录手册（2023版）》，由农业农村部规划设计研究院根据农产品特点整理。

②　地方标准数据来自工标网，由农业农村部规划设计研究院整理，统计时间截至2023年12月。

③　团体标准数据来自科技论文《食品冷链物流标准体系研究与建议》。

物流标准化快速发展，仅2007年一年发布的农产品冷链物流标准就达到17项。2019年后新冠疫情期间，农产品供应模式发生改变，新业态、新模式不断涌现，对农产品冷链流通提出新的要求，相关标准发布数量激增，2021年发布的农产品冷链物流相关标准达到60项。

2.内容上冷链流通技术管理类标准占比大

从标准涉及内容上看，农产品冷链物流标准包括农产品冷链流通术语、分类、标识等基础标准，冷链流通用冷库、冷藏车、保温车、保温箱、预冷设备、制冷机组等设施装备标准，以及产品、贮藏、保鲜、运输等技术管理标准。三大类标准中，冷链流通技术管理类标准数量最多，达到255个，超过农产品冷链物流国家标准、地方标准和行业标准总数的3/4。

3.品类上果蔬冷链物流类标准数量多

农产品冷链物流标准根据适用的农产品品类可分为综合类[①]、粮油类、果蔬类、畜产品类和水产品类5类。我国农产品品类中果蔬品类最丰富，不同果蔬的冷链物流技术参数相差较大，导致果蔬冷链物流类标准最多，数量达到136个，占比达到国家标准、地方标准和行业标准总数的40.6%；其次是综合类标准，数量为93个，占比约为27.8%；粮油类标准占比最小，不足2%（图2）。

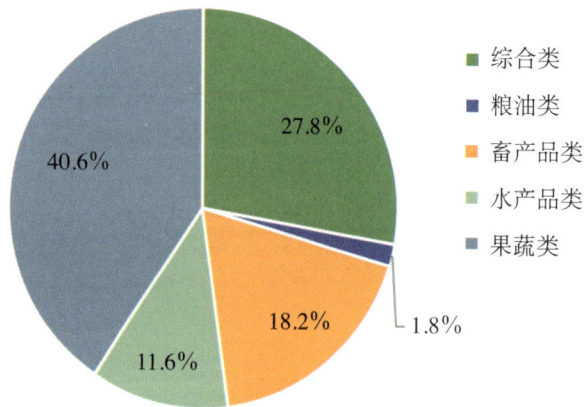

图2　不同品类农产品冷链物流标准占比

（三）农产品产地冷链物流标准化初见成效

1.成立了农产品冷链物流标准化技术委员会

为加强农产品冷链物流标准化工作，构建农产品冷链物流标准体系，提升农产品冷链物流标准化水平，促进农产品冷链物流快速发展，2016年农业

①　综合类标准指适用两种及两种以上农产品品类的标准。

部（现农业农村部）成立农产品冷链物流标准化技术委员会（以下简称标委会），重点关注农产品冷链物流行业标准建设，解决相关标准缺失的问题，提高现有标准的针对性和适用性，切实提高果蔬、水产品、畜产品等农产品冷链物流标准化水平，推进农产品全过程冷链物流标准化建设。目前，标委会有委员78人，包括物流管理、保鲜技术、设施装备、信息化、品牌建设和产地市场6个专业组。

2.基本建立农产品冷链物流标准体系框架

标委会充分认清农产品冷链物流发展形势，紧跟行业发展需求，重点围绕农产品冷链流通全产业链的共性基础支撑、重要产品、关键环节、公共管理等领域，制定了包括基础标准、通用标准和专用标准在内的农产品冷链物流标准体系（图3），涵盖264项国家和行业标准。标准体系的建立，有效指导了农产品冷链物流领域标准制修订工作，加快了优质标准供给，补齐了产地冷链短板，促进了科技创新成果转化，为加快冷链物流现代化发展提供标准支撑。

3.持续补齐产地农产品冷链物流标准短板

根据农产品冷链物流标准体系，积极组织农产品冷链物流标准制修订工作。截至2023年12月，成功立项农业行业标准19项，涉及术语等基础标准，果蔬预冷、包装、仓储设施管理、农产品区域公用品牌培育等领域的通用标准，以及荔枝、柑橘、食用菌、竹笋、马铃薯等易腐农产品冷链流通技术标准。其中，《荔枝冷链流通技术要求》《果蔬预冷技术规范》和《稻谷低温储存与保鲜流通技术规范》等7项标准已正式发布（表1），为我国规范产地冷链物流技术操作，提高冷链物流效率提供标准支撑。

表1 农产品冷链物流标准化技术委员会归口已发布标准

序号	标准名称	标准编号
1	柑橘电商冷链物流技术规程	NY/T 4165—2022
2	苹果电商冷链物流技术规程	NY/T 4166—2022
3	荔枝冷链流通技术要求	NY/T 4167—2022
4	果蔬预冷技术规范	NY/T 4168—2022
5	农产品区域公用品牌建设指南	NY/T 4169—2022
6	散粮集装箱保质运输技术规范	NY/T 4286—2023
7	稻谷低温储存与保鲜流通技术规范	NY/T 4287—2023

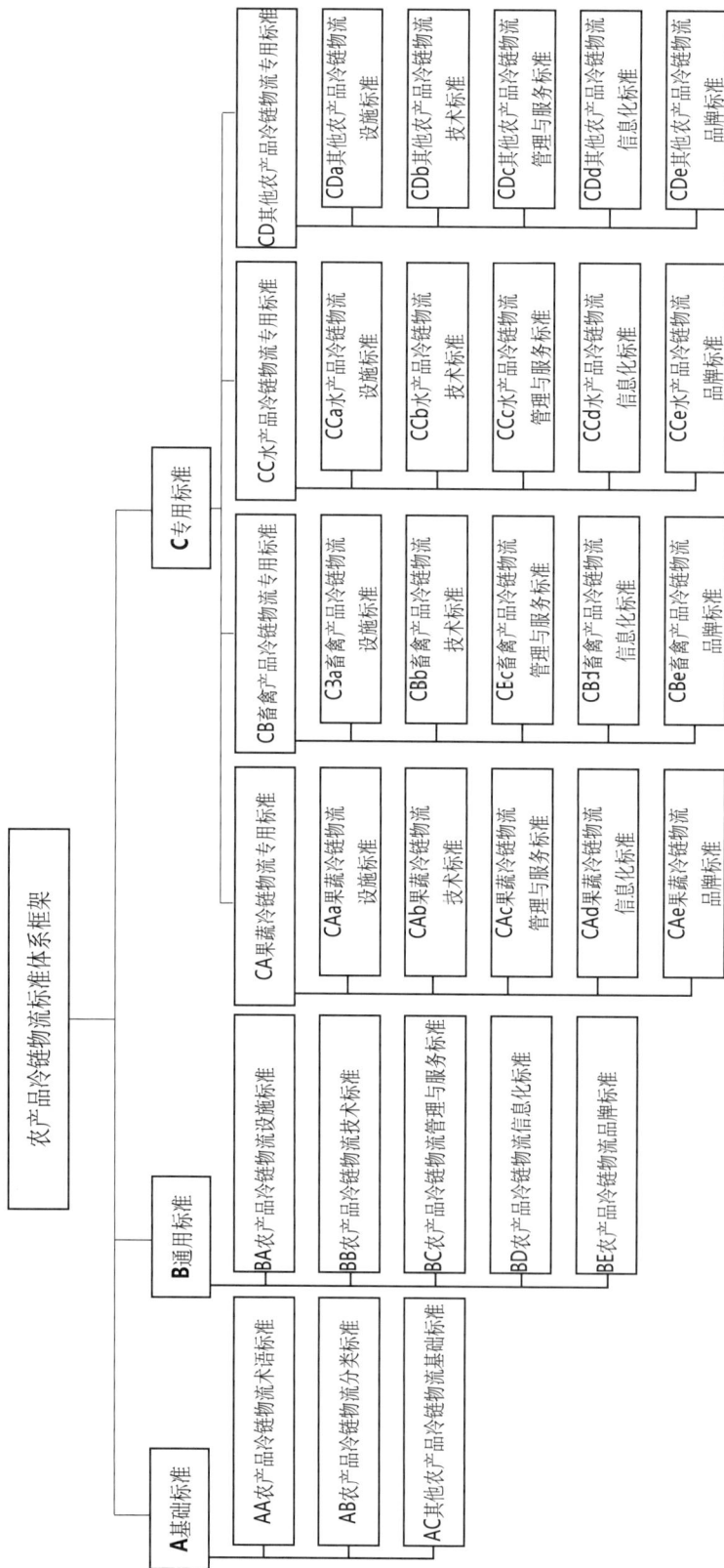

图 3　农产品冷链物流标准体系框架

4.探索"操作手册 + 标准"全链条成套标准

针对我国鲜活农产品冷链标准化存在"断链"严重、标准之间衔接不畅、制标重复、多头管理、可操作性不强等问题，标委会开展了基于农产品种类的全链条（包括种植、果实品质、采后处理、贮藏保鲜、运输、加工、进出口）标准集成探索，以葡萄为对象探索构建了全链条标准体系方法，按照种植、果实、贮藏、运输、加工、进出口和综合7个方面进行分析，归纳总结出一套核心技术指标，初步建立了"操作手册 + 标准"模式的葡萄全链条标准体系框架，探索农产品冷链物流领域全链标准建设模式。

二、国外经验借鉴

（一）美国经验借鉴——法定强制和自愿引用相结合，监管体系完善

一是法定强制和自愿引用。美国标准分为强制性标准和非强制性标准。其中被法律引用和政府部门制定的标准属于强制性标准，用于规范某种或某类农产品冷链流通全链条的技术要求，包括包装材料和规格、冷藏温度、品质检验、运输操作等。由美国国家标准协会（ANSI）组织制定的美国国家标准则属于非强制性标准，是标准使用者根据自身需求自主选择的自愿性共识标准。法定强制和自愿引用，既保障了农产品质量安全，又促进了新技术新方法的应用。**二是组织机构协调能力突出。**美国标准制定的主体包括标准制定机构、500多个联盟和数千个委员会，联邦政府通过立法授权美国国家标准协会负责全国标准体系协调工作。美国国家标准协会通过将私有部门和政府部门以及经认可和未经认可的标准制定组织集合在一起，开展标准制修订工作，保障标准制定公开化、公平化。**三是监管体系完善，严格按强制性标准开展冷链业务。**一方面美国实行严格的专业认证体系和市场准入制度；另一方面美国食品和药品管理局对农产品出现损失后的权责分担问题等都做了明确规定，并配套有专门的监管机构和惩罚措施，保证按照标准要求严格执行。

（二）日本经验借鉴——标准化组织体系健全，制定和管理集中

日本农产品进出口贸易活动频繁，历经多次食品安全事件和进出口贸易争端后，十分重视食品质量安全标准的制定，旨在从技术层面保证食品供应链安全。**一是组织体系和制度体系健全。**日本通过《食品卫生法》等系列法律明确日本国内标准制定、修改、废除、认证、监管等方面的责任机构和

组织分工，为标准的制定、应用、监管打下坚实基础。**组织方面**，根据最新《食品卫生法》规定，日本农产品冷链流通卫生相关标准的主管部门为消费者厅和农林水产省，监管部门为厚生劳动省，制定与监管分离，更加有利于保护消费者利益。二是成立专门组织负责标准制定和管理。日本农林标准协会（JAS）负责农产品和食品的标准化工作，制定了质量、安全和生产方法的标准；日本食品标准协会（JFSA）负责制定食品加工和包装等方面的标准。三是实施产地标识和品牌认证。日本对符合特定标准和认证程序的农产品授以产地标识，如"和牛"和"北海道产"；对符合特定质量标准和生产方法的农产品进行品牌认证，如"日本鱼质优等品"和"无农药栽培"，通过产地标识和品牌认证，保护和宣传特定地区的优质食材，帮助消费者识别优质农产品。

（三）欧盟经验借鉴——双层体系和联合制标，保证各层面协调统一

一是形成欧盟指令和技术标准共同组成的标准体系。欧盟出台了标准化条例 *Regulation（EU）1025/2012*，规定了欧盟国家的标准化的法律框架，目前已逐步形成具有法律强制力的欧盟指令和使用者可自主选择的由技术标准组成的标准体系。该标准体系有效地消除了欧盟内部商品贸易障碍，也给欧盟外国家建立了技术壁垒。二是机构联合推动欧盟内部标准制修订工作。欧洲两大标准化组织欧洲标准化委员会和欧洲电工标准化委员会共同组建CEN-CENELEC主席委员会，负责协调欧洲层面和国家层面标准的一致和互补。CEN-CENELEC主席委员会下设技术局，负责规划协调、制定工作程序，组织监督标准制定。最后，由其设立的技术委员会具体承担标准的制修订工作。三是双层管理和全程可追溯保障了食品安全。欧盟各国农产品流通标准的执行要接受来自欧盟组织层面及本国机构的共同监管。同时执行食品安全追溯机制、良好生产规范和危害分析与关键控制点制度，实行"从农田到餐桌"的全过程监控，一旦出现不符合标准的因素，会快速预警并做出响应。

三、面临问题

（一）标准"断链"，标准空白区仍然存在

农产品冷链物流是一个系统，品类上涉及所有需冷链物流的农产品，环节上包括从收获到出库运输，行业上包括材料、装备、设施、化工、服务，任何一个点的缺失，都会对冷链物流效果产生影响。我国的冷链物流标准化工作起步较晚，很长一段时间标准的制修订工作围绕的是科研工作，而非产

业实际需求，这导致我国农产品产地冷链物流标准技术标准多、设施装备和管理服务类标准少，专用标准多、术语等基础标准少，产地冷链物流低碳标准、个别的冷链设备标准还是空白。标准"断链"会影响整个冷链物流标准的系统性和完整性，不利于冷链物流标准化发展。

（二）标准更新慢，与实际发展需求不匹配

随着我国农产品冷链物流行业发展，以及新品种、新技术、新业态、新模式的层出不穷，一些现行标准未及时修订或废止，已不适应经济社会发展和技术进步的需要。如《梨贮运技术规范》（NY/T 1198—2006）制订时间较早，原标准缺少对红香酥、玉露香、雪青、秋月等目前我国大面积种植梨品种的技术要求，不能满足梨产业的发展需求。同时鸭梨等冷敏品种的预冷技术与其他梨相同，易造成鸭梨采后冷害，反而导致贮藏损失。亟须对现有标准进行系统性的优化调整与更新迭代，以确保我国农产品冷链物流的高效运行。

（三）多部门管理，标准之间缺乏协调性

农产品冷链物流包括从生产到销售的全过程，涵盖技术、装备、贸易等多个领域，涉及农业农村部、商务部、国家林业和草原局、国家市场监督管理总局、中华全国供销合作总社等15个部门，存在多部门和地区条块分割管理的现象，缺少有话语权和执行力的协调机构，严重制约了冷链物流行业各相关行业标准之间的统一性和协调性。如现行标准《无核白葡萄》（GB/T 19970—2005和NY/T 704—2003），分别由原国家林业局和原农业部发布，两个标准对无核白葡萄的感官指标和理化指标的要求不一致，指标参数也有互相矛盾之处。这些标准的存在，对农产品冷链物流的规范性与秩序性构成了挑战，降低了标准的实际采纳率，阻碍了农产品冷链物流标准化进程。

（四）制度不完善，标准采纳执行力不足

我国标准在较长一段时间里存在着"重制定、轻实施"的现象。一方面是宣贯不到位，目前标准宣贯主要依赖传统媒体和官方文件，难以覆盖到广大农产品生产者和经营者；宣传内容不够生动具体，多停留在理论层面，缺乏实际案例和具体操作指南，受众难以理解和接受。另一方面是监管不到位，我国农产品产地冷链物流标准基本都是推荐标准，尚未建立一套合理的机制，对农产品是否采用了冷链标准、采用了哪一个冷链标准、执行是否到位进行监管，也导致一些企业未能严格按照标准进行操作，影响了农产品冷链物流的质量和效率。

四、发展展望

(一)冷链物流标准体系将进一步完善

随着农产品冷链物流市场规模的壮大,农产品产地冷链物流标准需求将持续增长。以此为契机,各行业各领域将围绕农产品冷链物流全产业链的共性基础支撑、重要产品、关键环节、公共管理等关键领域的行业空白,组织开展国家标准和行业标准制修订工作,不断完善我国农产品产地冷链物流标准体系,加强顶层设计,提高通用标准的有效供给。

(二)冷链物流全链条标准将逐步增加

农产品冷链物流是从采收到销售各个环节全程保持温控的一个完整过程。近年来标准管理部门出台行业政策,鼓励探索建立农产品冷链全链条标准。围绕单一品类农产品构建全链条冷链物流标准,规范该类农产品从采收、流通加工、贮藏保鲜、运输到销售全链条技术要求,促进全程冷链操作衔接畅通,解决因标准重复、标准之间参数矛盾导致的标准应用性差问题,提高单一品类农产品产后冷链物流标准支撑水平。《韭菜标准综合体》《茭白标准综合体》已发布,《草莓标准综合体》《西瓜标准综合体》等在陆续编制中。

(三)冷链物流团体标准将呈井喷式增长

随着新质生产力发展,农产品产地冷链物流中新技术、新装备不断涌现,新模式、新业态推广不断加深,需要快速出台相应产品、技术、管理标准,指导其规范应用。与国家标准和行业标准相比,团体标准制订程序简捷、周期短,能够快速响应创新和市场对标准的需求,填补现有标准空白。未来一段时间,农产品产地冷链物流标准缺口仍然较大,团体标准的立项、发布数量将大幅度提高。

(四)冷链标准宣贯应用水平将显著提升

《农业农村标准化管理办法》已于2024年7月1日正式实施,办法明确规定县级以上地方人民政府应当支持开展农业农村标准化试点示范工作,传播标准化理念,验证标准有效性,探索标准化经验,树立标准化标杆。未来,农产品主产区的县级以上地方人民政府标准化行政主管部门将和农业农村有关行政主管部门联合,共同建设农产品冷链物流标准试点示范项目,加强农产品冷链物流标准的宣贯和应用,提高主产区农产品产地冷链物流标准化水平。

(本专题由农业农村部规划设计研究院、农业农村部农产品冷链物流标准化技术委员会编写)

实 践 篇
SHIJIANPIAN

近年来，各地认真贯彻落实党中央、国务院关于加强农产品仓储保鲜冷链设施建设的有关要求，紧紧围绕发展主导产业，促进联农带农为农，积极创新工作举措，狠抓政策落实落地，加快推进农产品冷链物流体系建设，涌现出了一批典型经验和做法，值得总结推广。

一、省级布局推进产地冷链物流建设经验与做法

（一）山西：大处着眼，细处发力，努力提升农产品冷藏保鲜水平

山西是特色农产品资源大省，深入实施农业"特""优"战略，把产地冷藏保鲜设施建设作为特优农业延链、补链、强链的关键举措，在农业农村部市场与信息化司指导下，着力打造产地冷藏保鲜、区域集配中心、骨干物流基地三级体系。山西省争取中央资金7.7亿元，重点围绕蔬菜、水果、薯类等鲜活农产品，共支持1346个主体建设了5122个设施，新增库容448万米^3，新增冷藏保鲜能力150万吨，库容量增长44.7%，鲜活农产品损耗率从25%降到了8%，推动特优农业提质增效。

1.统筹布局，做好顶层设计

山西省委、省政府牢记习近平总书记"山西农业的出路在于'特'和'优'"的殷殷嘱托，高位推进农业"特""优"战略，因地制宜打造了"南果、中粮、北肉、东药材、西干果"的产业布局，蔬菜、水果年产量超千万吨，苹果、梨、红枣、核桃等干鲜果产量均排到了全国前五位。为了补齐农产品出村"最先一公里"短板，山西省坚持"农有、农用、农享"原则，编制"十四五"农产品产地冷藏保鲜设施发展规划，提出了"紧密结合优势区、就近建设不出村、先补短板后提升"的建设思路，连续两年将农产品产地冷藏保鲜设施建设项目纳入全省"为民办实事十大工程"，出台用电、用地配套政策，逐步建成覆盖所有农业县、重点农产品生产基地的冷链末端网络，服务京畿、辐射中部。创设出台利用衔接资金推动脱贫地区设施建设政策，制定国定脱贫县项目建设指南，推动6个国定脱贫县出台了具体补贴政策，累计使用衔接资金3904万元，建设214个冷藏设施，新增库容18.8万米^3。出台农产品产地冷链集配中心建设项目实施指导意见，2024年争取省级财政资金2000万元在11个特优农业大县建设了15个产地冷链集配中心，对前期冷藏设施提质升级，提高农产品产后集散和商品化处理效率。

2.严细深实，抓好项目建设

山西省农业农村厅与省财政厅、省自然资源厅、山西农业大学（山西省农业科学院）等部门分工负责，协同推动，共同制定《山西省冷藏保鲜设施建设实施方案》，分类制定《山西省冷藏保鲜设施建设项目奖补目录》《关于利用财政衔接推进乡村振兴补助资金推动脱贫地区农产品产地冷链物流设施建设的通知》《2024年农产品产地冷链集配中心建设项目实施指导意见的通知》等制度，编制《山西农产品产地冷藏保鲜设施建设验收表》和《山西农产品产地冷藏保鲜设施建议验收资料清单》等，让实施县和实施主体有章可循、有规可依、操作简单。**"严"在实施流程**。制定"三有两公示、一表一清单"流程，让基层有章可循、有规可依、操作简单。"三有"是项目申报必须有主体、有产业、有土地；"两公示"是必须在县政府网站上进行立项公示与验收公示；"一表一清单"是山西在全国率先编制建设验收表和建议验收资料清单，细化到5类库型23项指标和17项资料清单，各县"按方抓药"，建档留存，力求经得起检验。**"细"在补助标准**。在全国率先制定分类分档奖补目录，使各级农业农村部门、建设主体对全部5类库型共193档库容及对应奖补金额能够做到一目了然、心中有数。**"深"在统计调度**。采取电子问卷法进行"以主体起报"对全省农产品产地冷藏保鲜设施普查，初步建立了全省农产品产地冷藏设施信息库，与山西农业大学、山西财经大学等高校联合绘制了山西省农产品产地冷藏设施分布地图，为下一步精准化管理打好了基础。截至2024年底，全省有3068个主体有农产品冷藏保鲜设施，库容量总计达1456.3万米^3，其中农产品产地冷藏保鲜设施建设项目贡献了31%的库容。**"实"在项目指导**。创新开展"一库一图"工作法。"一库"是建立省级专家库，前置专家服务，开工前对所有实施主体进行施工培训，中期实地指导一次，微信随问随答。"一图"是设计"建设进度一张图"，省级周周调度、月月统计、季季通报，精准掌握所有主体建设动态。对进度慢的项目县政府发督导函，不定期实地抽查，确保按期完成。

3.赋能赋效，搭建冷链体系

山西省以农产品产地冷藏保鲜设施为基础，正在从"产品＋物流"向"产品＋冷链＋市场＋物流"高质量发展。打造具有区域辐射能力的冷链物流服务集群，让产地和市场更好衔接。截至2024年底，全省94%的县（市、区）、64%的乡镇、9.3%村参与冷链物流，现有冷藏保鲜设施可满足30%以上鲜活果蔬的冷藏保鲜需求。全省近20个规模化的产地冷链集配中心和临猗全国农产品骨干冷链物流重点县将田头冷藏保鲜设施连接起来，实现区域内冷链物流体系布局合理、结构优化、管理规范、运行高效。近三年全省蔬菜、水果种植面积分别增加68.7万亩和13.6万亩，产地冷藏设施让产业发展有了底气。"前店＋后仓"让田头成"市场"。产地冷藏保鲜设施将产地农户与实体大市场以及网络销售平台紧密联系起来，鲜活农产品生产区通过"批发市场＋冷库＋"大宗销售、"集配中心＋冷库＋"线下营销、"前店＋后仓"线上直销等渠道，让田头直接成为销售市场。乡村e镇，引领融入国内大循环。全省打造了100个乡村e镇，部分乡村e镇依托产地冷库，连通上下游产业链环节，畅通县域产品上行"最先一公里"，使县域成为国内大循环的有机组成部分。

4.守牢底线，紧抓安全生产

紧抓法人主体。明确"谁投资谁负责，谁使用谁负责"，所有享受补贴的冷藏主体与县农业农村局签订安全生产承诺书，压实主体责任。全省统一印制安全告知牌，所有补贴主体全部张贴，强化提醒提示。紧抓隐患排查。山西省农业农村厅领导带队开展全省进村入库大排查，逐库建立问题台账，由主体对单整治。对不属于农业农村部门监管执法的问题隐患，随时转办属地政府。**紧抓行业责任。**深刻汲取永济市"9·28"自建冷库葡萄货架坍塌事故教训，向山西省安全生产委员会办公室进行专题汇报，提请明确农村地区农产品仓储保鲜冷库安全生产职责，为项目建设提供安全保障。

（二）安徽：统筹规划，政策引导，扎实推进农产品产地冷藏保鲜设施建设

近年来，安徽省认真贯彻落实农业农村部部署要求，坚持"农有、农用、农享"，扎实推进农产品产地冷藏保鲜设施建设，截至2024年12月底，全省累计建成农产品产地冷藏保鲜设施4354个、新增库容231万米^3。产地低温处理率由18%提升至24%，产地损失率降低10%～15%，辐射带动7.6万余户农户，在降低产后损失、带动产业发展、促进农民增收等方面取得了积极成效。2022年财政部安徽监管局对安徽省冷藏保鲜设施建设绩效评价为优秀。

1.统筹规划，处理好当前和长远的关系

一是围绕产业需求，科学制定规划。安徽省农业农村厅编制印发《安徽省"十四五"农产品产地仓储保鲜冷链物流建设规划》，围绕长三角绿色农产品生产加工供应基地建设、皖北高端绿色食品产业集群等发展需求，提出"十四五"期间新增库容300万米^3、产地低温处理率提升到30%。二是围绕轻重缓急，补上冷链短板。2021年，安徽省蔬果产地低温处理率为18%，缺口达500万米³。针对蔬果冷藏保鲜设施缺口，重点在皖北、江淮、沿江及城市中远郊等蔬菜产区，合肥、淮北、宿州、六安等水果产区布局建设。**三是围绕成网强链，发展冷链物流**。安徽省政府办公厅印发《安徽省冷链物流发展实施方案（2022—2025年）》，提出到2025年建设省级冷链物流基地15个、产地集配中心100个、产地冷藏保鲜设施3000个，构建从田头到销地全程冷链网络。

2.支持引导，处理好有为和有效的关系

一是强化政策引导。2021年以来，安徽省农业农村厅精心编制年度方案，统筹使用中央财政资金5.24亿元，精准下达任务、资金，通过"裕农通""劝耕贷"等渠道，为建设主体提供贷款3624万元。会同安徽省自然资源厅将冷藏保鲜用地纳入农业设施用地，会同发改部门明确设施用电享受农业生产用电优惠。**二是健全工作机制**。安徽省农业农村厅成立由主要负责同志任组长的项目建设领导小组，实行"月调度、季通报、年评价"，加强对市县工作督导。各地强化组织领导，成立工作专班，开展政策宣传，推进建设工作落实。**三是激发市场活力**。通过政策引导、项目带动、资金扶持，激发和调动市场主体投入冷藏保鲜设施建设的积极性、主动性、创造性，实现了有为政府和有效市场的良性互动。市场主体冷藏保鲜、择时销售、市场议价能力显著增强，普遍增收20%以上，带动了产业发展。

3.强化管理，处理好规范和灵活的关系

一是规范管理。坚持公开透明原则，制定了管理细则和验收规范，抓好储备立项、建设指导、竣工验收、资金兑付等环节管理。2021年、2022年分别兑付3.16亿元、1.73亿元，兑付率分别达98%、85%。开展年度抽查，2021年、2022年分别抽查297个、283个设施，分别占当年建成设施的15%、14%。**二是严把质量**。坚持质量第一原则，制定技术方案，明确设施质量标准、施工要求。各地组织技术、财务专家或第三方机构等开展现场核验，重点查验库体保温结构、阻燃级别、压缩机等是否符合技术要求。**三是灵活运作**。坚持自主自愿原则，在资金安排上，按需求分配，不搞平均主义；在建设内容上，由建设主体自主选择建库类型、大小及施工单位；在验收核验上，采取建成一批、验收一批的办法，加快项目建设进度。

4.数字赋能，处理好供给和需求的关系

一是推进设施改造升级。安徽省提出数据采集、流通信息采集、联网、射频识别等设备选型参考，建设主体选用后，实现设施"一键可控""一屏可查""一网连通"，提升了数字化水平。二是强化数字管理。安徽各地积极探索冷藏保鲜设施数字化管理平台建设，打通供需信息渠道，加强智慧监管，解决冷藏保鲜设施忙时"吃不了"、闲时"吃不饱"问题，提高了设施利用率。潜山市将设施位置、库容、运营等数据导入农业物联网综合平台，实现"一图展示""一图索库""一图调度"。三是创新运营模式。推动建设主体采用共享、共用等方式运营设施，与产地冷链集配中心、批发市场等深入对接，形成"冷藏保鲜＋田头市场＋渠道""冷藏保鲜＋电商＋冷链物流""冷藏保鲜＋直供直销"多种产销衔接运营模式。

（三）山东：创新思路，补链强链，构建高效长效冷链物流服务体系

2020年以来，山东省以农业农村部实施的农产品产地冷藏保鲜设施建设项目为契机，创新思路，补链强链，着力构建"高效长效"冷链物流服务体系，推动冷链物流高质量发展。初步测算，"十四五"以来，山东省鲜活农产品腐损率始终控制在10％左右。全省冷库总量达到2300万米^3，冷藏车保有量达到4.5万辆，基本形成了覆盖蔬菜、水果、水产品、肉类、乳品、速冻食品的冷链物流服务体系。

1.打造三级节点，构建冷链物流服务网络

一是立足补齐冷链短板，建设田头仓储保鲜设施。重点支持县级以上示范家庭农场和合作社示范社，建设和配备农产品预冷、清选分级、冷藏冷冻等设施设备，加快补齐田头冷藏保鲜设施短板。2020年以来，累计支持建设农产品产地冷藏保鲜设施6000多个，新增库容800多万米^3。二是立足完善服务功能，打造冷链集配中心。依托具备分级分拣、物流配送等功能的存量冷链物流设施，重点引导打造产地冷链流通区域中转节点。截至2024年，初步发展形成了具备冷链集配功能的设施75个。三是立足提升服务能级，创建冷链物流基地。重点面向高附加值生鲜农产品优势产区和集散地，依托存量冷链物流基础设施群，支持建设国家骨干冷链物流基地，着力提高冷链物流规模化、集约化、组织化、网络化水平。成功创建了济南、青岛、烟台、潍坊、济宁、威海6个国家骨干冷链物流基地。

2.探索三种模式，提升冷链物流运营效益

一是"一库多用"模式。鼓励和引导冷藏保鲜设施建设主体利用多温区、多样化经营方式提升运营效益。滨州市沾化区景胜冬枣专业合作社，通过各类信息化服务，2000米^{3}的冷库实现了对外出租，年收益增加20万元。二是"集中联建"模式。鼓励和引导各类市场主体开展建设和运营合作。潍坊市临

胸县6家农民合作社联合申请用地、联合建设、联合运营，集中建设了1200吨容纳能力的冷藏保鲜设施，合作社由鲜果直售改为代存销售，实现年增收200万元，同时冷藏能力的大幅提升，让合作社对产品拥有了自主定价权，销售价格较往年提升25%左右。三是"共享冷库"模式。支持具备条件的县，探索建设冷库信息管理系统，建立"共享冷库"。临沂市蒙阴县通过智慧化冷库管理平台，高效促进了冷库供、需"双向奔赴"，成功帮助3000余家采购商、种植户等解决仓储问题。

3.推动三链协同，增强冷链物流服务能力

一是**拉长产业链，促进三产融合**。通过实施冷链物流设施建设，进一步提高了农产品商品化处理能力，带动了农产品的规模化生产、销售、服务以及加工企业的聚集和联动，推动了三产融合发展。泰安市新泰市山东食安公社食品科技有限责任公司通过冷库建设，推动现代农业、食品工业、定制配送"三产融合"，开辟了"从农场进市场"的新格局。二是**贯通供应链，促进产销对接**。冷链物流设施建设加快形成了集仓储、集散、物流、配送于一体的冷链物流服务网络，显著提升了农业供应链服务水平。烟台市福山区在张格庄大樱桃市场内建成6000米^{3}果品气调贮藏库1处，实现农产品检测、预冷、加工冷藏、配货、收储等一体化服务，年预冷、贮藏350多万千克大樱桃，并被认定为农业农村部定点批发市场。三是**赋能价值链，提升产业效益**。加强冷链物流设施建设大幅降低了鲜活农产品产后损耗，延长了保鲜期，拉长了销售期，促进了农民增收和农业增效。德州市武城县通过冷库低温存放，年储存辣椒流转量20余万吨，最大程度地保障了辣椒的成色品质，降低了农产品损耗，年增加经济效益3.8亿元。

（四）湖北：多措并举补短板，突出重点强功能，全力推进农产品产地冷藏保鲜设施建设

在农业农村部大力支持下，湖北省围绕"五个坚持"抢抓机遇补短板、强功能，2020—2022年争取7亿元中央财政资金实施农产品产地冷藏保鲜设施建设，共建成保鲜设施5713座，新增产地仓储保鲜能力80万吨，带动农户17.5万户，新增收入超20亿元。2023年起，鼓励引导各地充分利用衔接资金，支持建设农产品产地冷藏保鲜设施4895个，新增库容55万吨。通过项目实施，进一步提高了湖北农产品产地仓储保鲜能力，完善了配套服务设施，催生了一批新生营销业态，有效缓解了产地市场销售存储的"瓶颈"难题，有力推动了农业增效、农民增收。

1.坚持高位推进，布局覆盖全域的冷链物流服务网络

2020年起，湖北省委、省政府将冷链物流体系建设列入补短板、强功能"十大工程"和"我为群众办实事""下察解暖"等实践活动重要事项，成立由省政府分管领导牵头的工作领导小组，省发改委、省财政厅、省商务厅、省农业农村厅等部门加强协同配合，在政策、资金、措施等方面全力落实。2021年编制印发《湖北省农产品仓储保鲜冷链物流建设规划（2021—2025年)》《湖北省现代物流业发展"十四五"规划》，提出构建以武汉为核心，宜昌、襄阳为两翼，鄂西绿色发展示范区、江汉平原振兴示范区、鄂东转型发展示范区为主体的"一核两翼、三带三区、多点支撑"的空间格局，已基本形成覆盖全省主要农副产品产地和消费地，辐射省内外的冷链物流服务网络。2024年，成功申报湖北省鄂州市、湖北省孝感市孝南区2个农产品骨干冷链物流重点县（重点市)，进一步完善了城乡冷链物流关键枢纽。

2.坚持需求导向，打造点面结合的项目建设格局

为科学合理制定年度工作方案，优化项目区域布局，提高项目建设质量，湖北省坚持每年开展冷链设施需求摸底，采取"全年申报、定期审核、批次入库、及时清退"方式建立项目储备库并实施动态管理。坚持"以点带面、点面结合、统筹推进"的建设原则，安排1.5亿元资金支持恩施市等10个县（市、区）开展整县推进，集中建设一批具备集货、预冷、分选、加工等功能的农产品产地冷藏保鲜设施，形成了集中连片、功能多样、具备市场竞争优势的冷链设施群；安排5.5亿元支持74个县（市、区）开展农产品产地冷藏保鲜设施建设，在田间地头建设一批具备保鲜、预冷等功能的冷链设施，优化了全省冷链物流节点布局规划。

3.坚持过程管理，健全长效规范的全程监管机制

湖北省推行从项目储备、申报、审核到建设、验收、兑付补贴全过程线上管理，在全省范围推广"六看六选"主体审核标准：一看建设意愿选强烈主动的，二看生产规模选匹配冷库容量的，三看土地所有权选权属时间长的，四看主体实力选有资金保障的，五看电力设施选满足要求的，六看财务账目选制度完整健全的。实行"随时了解、每月调度、重点督办"项目监管制度。2022年分别给46个项目县分管领导写信，进一步督促地方政府重视项目建设。2024年印发《省农业农村厅办公室关于加强农产品产地冷藏保鲜设施建设管理工作的通知》，严格落实项目验收制度，鼓励项目县引进第三方开展验收工作，提升项目验收规范性。

4.坚持服务至上，构建层次分明的技术保障体系

省级层面组建以华中农业大学、湖北省农业科学院等院校专家为骨干的技术团队，编写设施建设参考技术方案，进行政策宣讲、技术指导和问题解答等；将冷链设施建设、运营等培训纳入全省高素质农民培育项目，提升设施建设标准和后期运营管理能力。市（州）层面全力做好服务保障，动员技术骨干和优质主体到先进县学习调研，借鉴好的项目建设经验。各项目县采取线上线下相结合方式，邀请专家做好项目培训工作，从冷链设施建设技术标准、验收标准、投资成本核算、验收资料整理等多方面进行培训，对项目实施主体及各地农业农村部门的工作人员培训实现全覆盖。

5.坚持政策引导，实施积极有力的要素保障措施

湖北省政府先后印发《关于促进农产品流通的若干措施》《关于支持新型农业经营主体纾困的通知》《关于促进农业产业化龙头企业疫后重振加快转型若干措施的通知》等政策文件，在保障信贷供给、加强融资担保、减轻主体负担、强化用地用电保障等方面予以支持。湖北省农业农村厅主动对接中国邮政储蓄银行湖北省分行、湖北省农业信贷融资担保有限公司等有关金融机构，开发定制化专属产品"冷链仓储建设贷"，对符合条件的经营主体出台专属优惠政策。据中国邮政储蓄银行湖北省分行反馈，2020—2022年共放款约3.43亿元。

（五）湖南：谋实事做实功求实效，聚力提升农产品产地冷链物流体系建设质效

2020年，湖南省被列为全国首批农产品产地冷藏保鲜设施建设项目试点省份，拉开了全省规模化高质量建设农产品产地冷链物流体系的大幕。据评估，到2024年6月底，湖南省农产品产地冷藏保鲜能力提升至34%，鲜活农产品损腐率下降到10.8%，农产品商品化处理、错季销售及议价能力明显提升，参与项目建设的实施主体平均收益增加20.6%，直接创造就业岗位6万余个。

1.完善顶层设计谋实事

湖南省认真贯彻农业农村部部署要求，形成"政府领导、部门协作、上下联动"共同推动项目落地的良好氛围。**一是坚持高位推动。**湖南省委、省政府高度重视，将农产品冷链物流体系建设作为补齐农业农村基础设施短板、促进农民增收的民生实事来抓，先后出台《湖南省"十四五"现代物流发展

规划》《湖南省冷链物流体系建设行动方案（2022—2025年）》等文件，明确深入开展农产品冷链物流强链补链行动，支持建设一批农产品骨干冷链物流基地及产地冷链集配中心，完善田间地头冷链设施，为持续推进体系建设提供了遵循。**二是强化资金保障。**2020—2022年实际投入建设资金12.5亿元，省级自2022年起将冷链物流设施作为乡村振兴衔接资金的重要支持方向安排2亿元，2023年、2024年分别安排1.23亿元、2.4亿元。**三是凝聚工作合力。**建立省市县三级农业农村部门上下联动、同级部门之间横向联动的工作机制，加强与财政、自然资源、发改、金融等部门沟通协调，强化项目建设要素保障，优化畅通实施主体用地审批程序，落实产地冷藏保鲜设施农用电价格优惠政策，与中国建设银行、中国农业银行推出了"冷链贷"，落实金融贷款2.08亿元。

2.健全工作机制做实功

建立"四个三"工作推进机制，高效推进项目建设管理，形成可复制、可推广的建管模式。**一是"三上三下"摸清需求。**省市县三级对申报的实施主体实行"三审"，一审产业需求和建设意愿，二审主体资格、资质，三审用电、用地手续等建设条件，汇总有建设意愿、有建设条件、有建设实力的实施主体形成省级产地冷链设施建设项目储备库，切实做到有多少主体安排多少任务、有多大需求建设多大规模。**二是"三个统一"建立体系。**统一建设规范，明确通风库、高温库、预冷库、气调库、低温库五种类型冷库的应用范围和建设要求。统一技术标准，出台省级技术方案，列出库体材料、压缩机、冷风机等设备设施的基本要求和建议品牌，明确冷库地面、承重、库体、保温材料、膨胀阀、管道安装等9个关键环节的质量标准。统一验收流程，制定验收标准和流程，按主体申请、县级组织、专家参与、现场核验、县级公示的流程验收。**三是"三级监管"严格验收。**建立项目验收省市县三级监管机制，明确县级农业农村部门是项目实施与验收的责任主体，会同财政、审计、纪检等部门和专家组代表共同进行验收，省市两级分别在县级验收基础上再随机核验30%～40%。核验过程中，对整改不到位的取消补贴，超额补贴部分及时收回。**四是"三调一改"提升质效。**"三调"是将项目完成情况分为较好、一般、不合格三档，分别采取资金上调、资金下调、项目暂停等"三调"措施，激励各地争先创优。"一改"是将项目定额补贴方式改为按净库容×指导价格（或总造价，取两者较低者）×30%（脱贫县为40%）进行补贴，有效杜绝实施主体盲目扩大建设需求，造成冷藏设施浪费的问题。"三调一改"不仅提升了资金使用效益，还减轻了基层的工作压力。

3.强化探索创新求实效

湖南省各地围绕主导产业，以冷藏保鲜设施建设为突破口，破解发展"瓶颈"，提升农业质量效益和农产品市场竞争力，增强农民幸福感、获得感。**一是创新建设模式"从一到多"**。注重发挥不同类型农业新型经营主体带动作用，建立健全利益联结机制，因地制宜探索出"多个主体联建，助推产品增值""龙头企业参股，提高经营收入""村级组织引领，盘活集体资产"等十多种具有地方特色的建设运营模式。**二是创新物流体系"聚点成链"**。完善"毛细血管"补链。截至2024年底，共新建农产品产地冷藏保鲜设施11493个，新增库容535万米^3，新增冷藏能力103万吨，加快补齐农产品"出村进城""最先一公里"短板。贯通"重要关节"强链。鼓励涉农企业与实施主体在农业产业重点镇、中心村联合开展产地冷链集配中心建设。截至2024年6月底，全省初步形成具有规模的农产品产地冷链集配中心75个。畅通"神经网络"延链。依托产地冷链集配中心，整合产地冷藏保鲜设施、田头市场、干支运输和快递配送等资源，利用供销合作、邮政快递、电子商务、商贸流通、产业园区、产地批发等主体形成流通网络优势，开展合作联营、成网配套，推动形成产地到集配中心、集配中心向全国延伸的冷链物流服务网络。**三是创新培训指导"由点及面"**。省级先后召开8次部署、推进和培训会议，组织专家到县（市、区）对相关部门、实施主体、承建商等开展线上线下培训1200场次，各县（市、区）举办线上线下培训班500余次，累计培训建设主体和业务技术人员1.76万人次，发放项目申报及建设指南2万余册。编制《湖南省农产品产地冷藏设施建设典型案例》，联合省内主流媒体做好政策解读、典型宣传、经验推广，讲好产地冷藏保鲜设施提升农业质效、促进农民增收故事。

（六）广东：坚持建管卖并举，赋能农产品"最先一公里"

2023年4月，习近平总书记在广东茂名高州市根子镇板桥村考察时指出，要进一步提高种植、保鲜、加工等技术，把荔枝特色产业和特色文化旅游发展得更好。总书记的重要指示直指制约荔枝产业高质量发展的关键，为广东省加快农产品冷藏保鲜设施建设指明了方向。广东省委、省政府高度重视农产品产地冷藏保鲜设施建设工作，在农业农村部的支持指导下，全省农业农村系统强化市场引领和消费拉动作用，以农产品"12221"市场营销体系^①建设为抓手，聚焦特色农产品优势区和农产品主产区，将产地冷藏保鲜设施建设作为"将市场挺在生产前面"的重要保障，不断探索创新举措，有效夯实产地冷藏保鲜设施基础能力。2021年以来，全省新建1700余座冷库，新增库容近60万米³。全省建设4个农产品产地冷藏保鲜设施建设整县推进国家试点县和2个农产品骨干冷链物流重点县，大部分省级农产品定点批发市场配置有冷库，现有冷链物流企业近1500家，冷库库容超过800万吨，冷藏车保有量超7000辆，全省供销冷链物流骨干网布局建设项目73个，规划冷库库容656.4万米³，已建成395.2万米³，农产品冷链骨干网等冷链物流设施建设步伐走在全国前列。广东荔枝、龙眼、菠萝、黄金奈李、贡柑等特色农产品通过田头预冷和分拣分选实现优质优价，有力推动了现代农产品物流高质量发展。

1.摸清建设需求，高位推动全省谋篇布局

做好谋篇布局。广东省政府印发《广东省推进冷链物流高质量发展"十四五"实施方案》，将完善产地冷链物流设施纳入全省物流体系建设，成立工作领导小组和工作专班，全省"一盘棋"抓落实。**做实需求摸底。**聚焦鲜活农产品主产区、特色农产品优势区，重点围绕蔬菜、水果等鲜活农产品，兼顾广东省南药、茶叶、花卉等地方优势特色品种，省市县联动开展政策宣传，掌握实施主体的经营状况、建设需求等情况，按照"农有、农用、农享"的原则发动实施主体自愿申报建设，确保当年能开工、当年能建成、当年能见效。**做优共建机制。**完善实施主体和参与建设主体所有权、经营权、收益权的关系。明确中央补助部分的产权归实施主体所有；明确支持申报建设主体与各类市场主体开展建设和运营合作，但必须明确设施产权归属申报建设主体；合理确定人、财、物和技术等要素出资、融资、入股等合作方式和利益分配机制，确保农民利益。**做好项目资金分配。**经县评估、市审核、省评审按因素法形成全省农产品产地冷藏保鲜设施建设资金分配方案和任务清单，确保了任务能落地、见实效。

2.强化技术支撑，赋能高标准建设工作

组建冷链物流技术专家队伍。建立广东省农产品仓储冷链物流联盟，组建包括66名专家在内的省级冷链物流领域专家队伍，指导市县组建技术员队

① 农产品"12221"市场营销体系：依托"1"个农产品大数据，组建销区采购商和培育产区供应商"2"支队伍，拓展销区和产区"2"大市场，组织采购商走进产区和供应商走进销区"2"场活动，实现产销两旺、品牌打造、产业振兴、农民增收等"1"揽子目标。

伍。组织专家团队和有关单位开展实地抽查检查，指导各地做好项目建设。组织开展冷藏保鲜技术攻关，联合科研院所开展广东特色优势农产品冷藏保鲜技术研究及应用。如广东荔枝已发展有冷藏、硫熏、气调、新包装材料、冻眠5大冷藏保鲜技术，有力促进了广东荔枝丰产丰收。**出台全省统一建设标准。**联合广东省财政厅印发《广东省农产品产地冷藏保鲜设施建设实施方案》，并制定有关技术标准，明确了通风库、高温库、预冷库、气调库、低温库5种不同类型冷库的应用范围等要求。制定《广东省农产品产地冷藏保鲜设施建设项目验收参考方案》统一验收规范和流程要求。组织技术、财务等专家测算投资和补贴额度，制定全省统一的6类27个档次补贴目录，便于市县执行和主体测算。**组织政策宣讲和培训指导。**邀请中国农业科学院有关专家到广东对全省农业农村系统业务人员、实施主体进行培训。全省组织线上线下培训30余场，培训指导4000余人次。通过"数字＋轻骑兵"，全省开展农产品产地冷藏保鲜技术培训，线上观看达17.25万人次。

3.强化全过程监管，夯实农产品"最先一公里"基础

按照"政府引导、主体自愿、市场参与"的原则，扶持产地冷藏保鲜设施建设，发挥政策资金撬动作用。**全省"一盘棋"抓落实。**已出台13个项目建设管理文件，贯通省市县三级、覆盖业务全过程。积极对接省供销社、邮政管理局、农垦、农科院等单位，形成工作合力。**省市县"三级联动"强监管。**压实建设主体责任，通过调度、约谈、督导调研等方式，督导推动各地加快建设进度。加强信息调度，与财政部门建立联合通报机制，推进常态化监督管理。严格落实省、市抽查检查要求，确保项目建设程序合规、冷库质量过硬、资金使用规范。**人财物"三大要素"强支撑。**将农产品产地冷藏保鲜设施纳入省级涉农资金统筹项目清单，加强用地用电等配套政策保障，探索专项债等金融支持。**全省"八个试点"树标杆。**建设4个国家级、4个省级农产品产地冷藏保鲜设施建设整县推进试点，建成分布"粤东西北"、覆盖全县域的农产品产地冷藏保鲜基础设施。茂名市高州市、广州市增城区等创新开展"田头智慧小站"试点，高州市已建成各类"田头智慧小站"200余个，连续两年助力荔枝销售实现市场旺、价格优、荔农乐。

4.强化高水平运营，助力农产品卖出好价格卖出高水平

以市场为导向，助力农产品营销。依托粤港澳大湾区市场，把握"双区"建设历史机遇，导入市场资源要素，加强农产品冷藏设施运营，让农产品卖得出、卖得远、卖出好价钱。2022年底广东省冬种蔬菜在上市季受疫情影响

销售低迷,广东省农业农村厅迅速启动实施农产品产销对接"飞渡计划",发动冷链物流主体增加收储量、开展产销精准对接,实现两节期间蔬菜市场供应价格平稳。2022年湛江市冬种辣椒面积同比增加8.9万亩,增长32.9%,冬种辣椒经冷藏保鲜处理后价格从0.8元/千克提升到4元/千克。雷州慧巧家庭农场依托产地冷藏保鲜设施收购周边农户辣椒,上市季日均冷藏处理辣椒25万千克。**以"12221"市场体系建设为抓手,推动农产品产销两旺。**广东省以"12221"市场体系建设为抓手,以冷藏设施为依托,全省一盘棋做好广东荔枝等特色农产品市场营销工作,将"问题清单"变成"服务清单",最终变成"满意清单"。指导产区运用冷藏保鲜设施做好荔枝保鲜,积极协调航空物流运力资源,实现从田头"最先一公里"到餐桌"最后一公里"的全程冷链、全程保鲜。荔枝连续四年卖出好价钱,实现丰产增收。**发挥联农带农作用,促进农民增收致富。**广东省农产品产地冷藏保鲜设施建设已覆盖46个特色农产品优势区、3个国家级和20余个省级"互联网+"出村进城试点县,探索"合作社+基地+农户"经营模式,有力促进做好"土特产"文章,农民通过供给优质农产品持续增收,产业通过一二三产互利共赢实现兴旺。

(七)广西:抓好三项统筹,建设三大体系,整区构建农产品冷藏保鲜体系

在农业农村部的大力支持下,2020—2022年广西共获得中央资金9.05亿元,累计扶持72个县(市、区)实施农产品产地冷藏保鲜设施建设项目,截至2024年12月31日已累计建成4761个设施,新增库容约260万米^3,新增储藏能力约52万吨,全区11个县(市、区)入选全国农产品产地冷藏保鲜整县推进试点县。2024年认定20个县级农产品产地冷链集配中心,隆安县、平桂区、容县3地获评国家级农产品骨干冷链物流重点县,数量均位居全国首列。项目建设有效地推进了全区农产品品质提升,实现错峰销售、助农增收,有力地推动了广西农产品供应链现代化发展。

1.抓好三项统筹,做到领导机制、政策保障和资金投入同步发力

一是统筹谋划,高位推进。自治区党委、政府高度重视农产品冷链体系建设工作,自治区政府工作报告、广西"十四五"规划纲要将此工作列入全区重大工程之一。2021年以来,自治区党委主要领导多次组织专题研究,将农产品冷链物流体系作为农村物流3大体系之一统筹谋划。广西壮族自治区政府成立了联席会议制度,政府副主席为召集人,自治区农业农村厅、发改委、商务厅、供销社作为牵头单位成立工作专班,合力系统推进农产品冷链体系工作。

二是统筹政策，强化保障。2022年5月自治区党委办公厅、自治区人民政府办公厅印发了《广西统筹推进农村物流高质量发展行动方案（2022—2025年）》，明确具体政策措施。第一，**强化用地保障**。要求将农产品冷链物流设施用地纳入国土空间规划，保障项目用地空间和建设用地需求；在现有工业用地上新建、扩建生产性用房提高容积率用于建设配套农产品冷链物流设施的，不再增收土地价款；对永久性农产品产地预冷设施用地按建设用地管理，依法依规使用集体经营性建设用地或国有建设用地建设产地冷库。第二，**降低用电成本**。明确对农村冷藏保鲜设施用电执行农业生产电价；对不属于广西峰谷分时电价实施范围的农产品冷链物流设施用电，可自行选择执行峰谷分时电价，选定后在规定期限内保持不变。第三，**加强技术支撑**。明确农产品冷链物流企业装备和技术的研发费用，按规定享受研发费用加计扣除相关政策；支持符合条件的农产品冷链物流、电子商务企业申报高新技术企业。

三是统筹资金，形成合力。"十四五"期间，广西每年整合各类补助资金20亿元整自治区推进农产品冷链物流体系建设。一是积极争取国家农产品产地冷藏保鲜设施建设项目支持，2020—2022年农业农村部已支持广西9.05亿元，依托全国农产品产地冷藏保鲜整县推进试点集中建设一批县级农产品冷链物流集配中心。二是利用衔接资金、商务部门流通设施资金对购买移动冷库并在广西使用的，按不超过实际投资额的30%给予补助。三是对全区农产品冷藏保鲜信息服务平台建设，分3年按不超过实际投资额的50%给予补助，并在平台试运营后连续3年每年给予300万元运营维护费用补助。四是优化金融服务。运用"桂惠贷"政策，优先支持农产品物流、冷链设施和电商产业园区建设运营主体；对符合条件的农产品冷链物流基础设施项目，纳入政府一般债券和政府专项债券支持范围。

2.建设三大体系，注重冷链物流、农业品牌协同推进

广西农业农村厅印发了《广西农产品仓储冷链物流建设规划（2021—2025年）》，到2025年，重点建设三大体系。

一是建设农产品产地冷藏保鲜体系。第一，建设68个以上县级冷链物流集配中心；第二，到2025年建设3000个以上农产品产地保鲜仓，优先选择鲜活农产品生产大县开展农产品产地冷藏保鲜设施建设；第三，推进农产品冷链多式联运，设立农产品高铁冷链运输专列。

二是建立"全链温控、标准健全、智能高效、绿色安全"的现代农产品仓储冷链物流服务体系。农产品仓储保鲜冷链设施信息化、标准化程度显著提升，冷链流通率和冷藏运输率大幅提高，产品腐损率明显下降，果蔬、肉类、水产等重点农产品的冷链流通比例进一步提高。

三是建设农产品保鲜设施运行保障体系。组织11个全国农产品产地冷藏保鲜整县推进试点县协同推进农业品牌培育工程，将县级农产品冷链物流集配中心与品牌培育结合起来，培育一批国家级及自治区级农业品牌，增强产地保鲜设施运行支撑能力。

3.突出三个环节，力求建设、创新、宣传有机协调

一是抓好项目建设。聘请第三方技术服务机构负责全区冷藏保鲜设施建设的技术保障；开展多次项目实施暗访，确保建设质量。每月开展调度关注项目进度，不定期到各实施县进行督查指导，积极协调用水、用电、用地以及资金拨付等问题，确保项目顺利开展。

二是指导各项目县创新机制，做好农产品产地冷藏保鲜设施建设项目。探索"合作社＋村集体经济组织＋农业企业"合作模式，充分发挥农业企业尤其龙头企业的市场经营能力及综合平台优势，弥补合作社、村集体经济市场经营能力弱的短板，建立共建、共享、共用机制，充分提高冷藏保鲜设施利用率，获得最大化收益。如容县模式，广西容县中桂农实业有限公司与26家合作社、村集体经济组织合作，协商利益分配机制，共建冷藏保鲜设施运行效率100%，从而获得最大化收益。

三是加强政策宣传力度。组建专家团队开展广西农产品产地冷藏保鲜设施建设技术指导，编写本地化培训教材，组织形式多样的培训活动，指导各项目县高质量完成项目实施。

（八）四川：坚持"一盘棋、一把尺、一张网"，全力推进农产品仓储保鲜冷链设施建设

近年来，四川省深入学习贯彻习近平总书记来川视察和对四川工作系列重要指示精神，将农产品冷链物流建设作为现代农业发展的先导性支撑产业，作为农产品"三链同构"体系的有效载体，着力在建好、管好、用好上下功夫，加快补齐农产品产地"最先一公里"冷链物流设施短板，解决农产品集中上市价格低、腐损率高、丰产不丰收等问题，推动全省农业高质量发展。

"十四五"以来，全省财政资金投入8.85亿元，其中中央财政投入6.8亿元，省级财政投入2.05亿元。开展了1个整市推进、9个全国整县推进和21个省级试点县建设，累计支持建设产地冷藏保鲜设施5939个，新增库容量118.5万吨。全省农产品冷藏保鲜设施基本能够满足主要农产品优势产区的需求。

主要做法如下。

1.聚焦建，"一盘棋"谋篇布局

一是坚持高位谋划，**高位推进**。建立省领导联系机制，负责研究制定推进方案和年度工作重点；建立部门协同推进机制，形成工作推动合力；建立专班推进机制，有力有序推动项目建设落地落实。二是坚持规划引领，**统筹布局**。充分结合各地农业产业分布和产能，编制出台《四川省"十四五"农产品产地仓储保鲜冷链物流设施建设推进方案》，提出"一村一库"的远期建设布局（每村按200吨的规模规划），由各地因地制宜开展农产品产地冷藏保鲜设施建设，做到主导产业村宜建尽建、宜大则大、宜小则小，建设条件不成熟的村做到服务延伸全覆盖。三是坚持专业指导，**建强服务团队**。建立项目专家库，明确四川省农业机械科学研究院、四川省农业科学院、四川农业大学等科研院校为技术支撑单位，建立专家服务团队，针对建设、管理中的薄弱环节，召开专题培训会，深入基层开展面对面技术指导服务。

2.聚焦管，"一把尺"规范到底

一是规范项目储备标准。坚持"有需求、有能力、有用地"的"三有"必要条件，注重事先培育，建立省、市、县三级项目储备库。开辟"我要建言"通道，开办简报专刊等建言献策、交流讨论平台，准确摸清基层建设家底和推动建议，力争项目建设精准布局，精准施策，当年建成，当年见效。二是规范实施标准。编制出台《四川省农产品产地冷藏保鲜设施建设管理办法（试行）》《四川省农产品仓储保鲜设施标识标牌规范指引》，省级层面统一编制资料模版，实现方案格式、技术标准、补贴标准、工程预算参考单价、验收程序、制度标牌制作六个"统一"，"一县一案、一项目一预算表"编制实施方案，做到全省项目建设和管理整齐划一、规范有序。三是规范考评标准。将项目建设与乡村建设行动同部署，纳入市（州）党政领导班子推进乡村振兴战略实绩同考核，明确要求当年项目建设进度和财政资金拨付达到80%以上，省、市两级对当年项目建设抽查督导比例不低于20%、50%，强力推动建设目标完成。

3.聚焦用，"一张网"赋能提效

冷链物流设施的作用发挥，关键在于促进农产品贮藏好、卖得好、供应不断链，四川省按照"一网一平台"模式，围绕"政府有一个管理平台，主体有一个管控手段，产品有一个服务载体"目标，着力先行先试，开展以"四川益农服务网"提档升级为载体的"四川农产品仓储冷链物流信息化管理平台""一库一码"体系建设，塑造"天府冷链云"品牌，努力打造全国"样板间"。截至2024年底，已构建完成省、市、县三级"同网同图"的管理体系，完成13477条主体信息数据录入，设施的数量、容量、类型、地理分布，以及产品种类、贮存量等信息"一图了然"，为"菜篮子"应急调度、保供稳价、供应不断链提供决策依据。

（九）陕西：聚焦特色产业，强化要素融合，全面提升农产品冷链物流体系建设质效

在农业农村部的关心支持下，陕西把农产品冷链物流设施建设作为构建现代农业产业体系、深入推进农业供给侧结构性改革的重要抓手，作为提升产业效益、带动农民增收的关键环节，按照"聚焦重点、补齐短板、提升质效"的定位，优化布局、集成政策、创新机制、规范管理，2020年以来全省6419个冷链项目全部建成使用，新增冷藏库容152万吨，超额完成中央下达的绩效任务，为服务乡村产业、提高农民收入、增强市场稳定性和保障农产品有效供给提供有力支撑。财政部组织对2021年农产品产地冷藏保鲜设施建设项目进行绩效评价，陕西位列优秀等次。

1.聚焦特色产业优布局

结合陕西实际，围绕发展需求，通盘布局，系统推进。**项目布局上坚持"三个聚焦"。**即聚焦省级重点产业链特别是苹果、猕猴桃等优势产业，聚焦补短强弱，聚焦合作社、家庭农场和村集体经济组织，将项目任务分解到市县、落实到主体，实现果区冷藏能力基本到位。**项目实施上做到"三个结合"。**即与农业全产业链培育相结合，与产业集群、现代农业产业园建设相结合，与农机购置补贴政策落实相结合，既防止重复建设，又实现相得益彰。**发展规划上做到"三个融合"。**在与前两轮"百库工程"建设有效接续的基础上，按照"骨干、区域、乡镇、村级"四类冷链设施标准，将项目建设纳入"十四五"农业农村现代化规划、脱贫地区巩固脱贫攻坚成果防返贫计划、农民合作社高质量发展和集体经济组织发展计划，储备、集成、建设一批高质量项目。

2.聚集关键要素强政策

以完善政策拉动要素聚集，以要素聚集提升政策强度。**细化补贴政策。**在国家推荐的五类冷库基础上，注重冷链设施改扩建，确立"5+1"补贴对象，制定脱贫地区和非脱贫地区分层级补贴标准，提高项目建设的操作性和针对性。注重要素配套，指导、联合优势产区地方政府，落实项目区土地、道路、用电"三配套",坚持审批手续从简从速,基本做到了"项目建设到哪、政策落实到哪、配套保障到哪"。**强化资金保障**。充分运用和发挥现代金融手段,在用足用好中央专项资金的同时,累计统筹省级财政资金10380万元,协调金融贷款超过6.9亿元,引导合作社、农民群众等自筹资金超过27亿元,破解项目建设的资金瓶颈。**加强技术服务**。发挥农业科教资源优势,汇集全省工程建设、仓储保鲜、设备开发、信息应用等领域520多名专家,构建省市县技术服务"三级团队",制定项目实施、技术参考、竣工验收"三套方案",累计组织各级各类培训716场次、指导12877人,推广"延安苹果后整理"等建设经验,做到了项目建设有规范、冷库使用有指导、供给信息有渠道。省级专家组主持的智能化冷库建设与特色果品贮藏保鲜技术项目获评陕西省政府科技推广成果奖二等奖。

3.聚力带农增收建机制

把冷链设施建设作为乡村产业振兴的补短板之举,始终把农民增收作为项目实施的根本目的。**构建带农益农机制**。对承建项目的农民合作社和村集体经济组织,把带动农户尤其是脱贫户作为前置条件,推行"项目带动、合作社(集体经济)承建、小农户参与"模式,推动财政投资折股量化到农户、受益到群众。**构建市场对接机制**。引导包装、物流、电商等产业在项目区布局,构建"生产+仓储+销售"于一体的"田头市场",共同推进建设宝鸡、延安、西安3个国家级骨干冷链物流基地,形成眉县、定边、白水3个国家级农产品骨干冷链物流重点县和35个产地冷链集配中心,加快产销衔接、两端联通。**构建企社共建机制**。以仓储冷链项目建设为平台,鼓励社会资本通过资金入股、设备租赁等多种形式,参与和支持项目实施,实现资金到位、资源共享、合作共赢。

4.强化项目管理提质效

以整县推进试点为重点,组建省级工作组和专家组,构建省市县三级推进体系,强化项目全过程规范管理,在做好申报、公示、建设等规定动作的同时,突出建设质量和效率,重点把好"三个关口"。**严把时效关**。着眼农业丰收季,特别是苹果、猕猴桃成熟采摘期,按照"当年建设、当年使用、当年见效"的要求,紧盯关键环节,列出任务清单,倒排建设工期,加快建设进度。**严把质量关**。建立分类验收机制,核心内容有一项不合格的,即视为总体不合格;重要内容不合格、但不影响设施正常运行的,实行部分验收;一般建设内容不合格的,及时反馈整改意见,暂不列入验收范围。**严把安全**

关。对电缆安装、电热化霜、消防设施、应急门锁、库内报警五个安全管制实行"一票否决"，确保生产安全、使用高效。

（十）甘肃：聚集要素资源，创新运营机制，持续完善特色农产品仓储保鲜冷链体系

在农业农村部的指导支持下，甘肃坚持把推进农产品仓储保鲜冷链设施建设作为拉开架势构建扶贫产业体系，决战脱贫攻坚和决胜全面小康的重点工程，作为大力发展现代丝路寒旱农业，推动乡村产业振兴和农业现代化的重要抓手；作为有效解决农产品销售难题，实现"错峰"销售"卖好价"的关键举措，先后出台了一系列扶持政策，多方筹措资金，持续引导推动。2018—2019年，省财政先后整合扶持资金2.39亿元，市县配套3.38亿元，在全省10个市州48个贫困县的1148个贫困村，新建成果蔬保鲜库1025座，新购置移动保鲜库222辆，新增储藏能力37万吨，实现了对有需求贫困村全覆盖目标。2020—2022年，农业农村部向甘肃省投入资金9.78亿元，新建冷链设施2300余座，新增储藏能力152万吨。2023　2024年，甘肃省利用衔接资金、东西部协作资金等各类资金3.06亿元，新建冷链设施367座，新增储藏能力29万吨。截至2024年底，全省共建成农产品冷藏保鲜设施7113座，储藏能力累计达到714万吨。建成60个农产品产地冷链集配中心，建设培育2个国家级农产品骨干冷链物流重点县。特色农产品保鲜保值和议价谈判能力有了明显提升，滞销风险得到了有效化解，有力促进了农民稳定增收。

1. 立足规避鲜活农产品销售难，科学制定实施办法

坚持立足当前和着眼长远相结合，把补足产业发展短板、提升特色农产品议价定价能力、防范滞销卖难市场风险、稳定增加农民收入放在首要位置考虑，综合考虑地理位置、产业布局、市场需求和基础条件等因素，按照"三个聚焦"的原则，科学布局、整省推进。先后出台了《甘肃省苹果、蔬菜产业发展扶持办法》《甘肃省特色农产品冷链物流体系建设实施方案》《甘肃省人民政府办公厅关于扶持全省贫困村果蔬保鲜库发展的意见》《甘肃省自然资源厅　甘肃省农业农村厅关于加强设施农业用地管理工作的通知》等一系列制度文件，明确全省农产品冷链物流体系建设目标任务、责任主体、资金筹措等内容，形成了较为完备的配套政策。一是聚焦脱贫地区。资金分配对脱贫县（区）需求实施了全覆盖，脱贫地区的农产品仓储冷链体系得到了极大改善，不断改善和提升了脱贫地区产业发展的条件。二是聚焦特色产

业。把"牛羊菜果薯药"六大特色主导产业中的苹果、蔬菜、马铃薯作为保鲜库建设的重中之重进行倾斜支持，占2020年新增储藏能力的97%，中央扶持资金占比达到95%以上。三是聚焦产后损失率大的品种。特别是甘肃省花牛苹果品质好但易糖化，采摘后必须迅速入库保存。在农业农村部和甘肃省委、省政府的支持下，2020年天水市和陇南礼县花牛苹果主产区通过新建保鲜库117座，新增储藏能力近10万吨，极大地提升了议价定价能力，当年花牛苹果平均收购价格达到4元/千克，较前一年上涨66.7%。同时，在花牛苹果主产区麦积、秦安开展苹果"保险＋期货"试点，双管齐下保花牛苹果价格。

2.形成推进合力，确保建设进度

不断强化组织、技术、金融等方面保障服务，集聚政策、资金等要素资源，为高质量推进农产品仓储保鲜冷链设施建设提供保障。**一是省委、省政府高度重视**。主要领导先后多次作出批示指示，要求加快建设，补足产业发展的短板弱项。省委、省政府将冷链设施建设列为落实"六稳""六保"任务，进一步促进消费、扩大内需、补齐短板的8个重点推进专项之一，省政府主要领导定期听取专题汇报，是2020年甘肃农业农村领域中的一个重要的"一把手"工程。**二是千方百计筹措项目建设资金**。各地整合财政、扶贫专项、地方债和东西部协作等多个渠道资金加大投入，支持冷链建设，形成了项目资金补助合作社建、社会资本投资市场主体建等多种投融资及建设模式。同时，甘肃省农业融资担保有限责任公司与中国农业银行、中国工商银行、中国邮政储蓄银行等金融机构合作，为符合条件的建设主体提供融资服务，为审批通过的贷款申请人提供免费担保，实行应担尽担。如2020年麦积区整合东西部帮扶资金（2000万元）、财政涉农整合资金（5180万元）、中央奖补资金（1752万元）和其他方面资金共计2.1亿元。**三是强化项目技术培训和指导**。开展了多层次技术培训，实现全部项目市县管理、技术人员和建设主体培训全覆盖。组织技术力量帮助实施主体掌握技术要点，解决项目实施中遇到的难题，确保农产品仓储保鲜设施建设达到技术方案规定的要求，符合验收标准，努力确保功能先进、运转安全。**四是加强项目日常调度和管理**。建立动态管理、督导通报和约谈制度，实行半月一调度，对保鲜库建设进度实时通报，约谈工作滞后的农业农村部门负责人，并保鲜库建设进度将作为县区领导班子和主要领导干部实施乡村振兴战略考核的重要内容，强化责任担当，形成逐级衔接、层层接力、逐级细化、环环相扣、齐抓共管的建设格局。

3.创新运行机制，充分释放设施利用效能

坚持在市场化运作的基础上，持续完善带农惠农机制，提升鲜活农产品应急保障能力，确保运得出、供得上。**一是着力化解鲜活农产品集中采摘上市带来的价格下跌风险。**重点扶持家庭农场、合作社和村一级建产地田头保鲜库，便于农户就地就近采摘储存，实现错峰销售，使采摘期特色农产品实现均衡批量有序上市，降低和化解由于农产品集中上市造成短期市场供需失衡、价格下跌的风险和压力。如村集体建设200吨左右采收短时收储库、合作社建设500～1000吨周转库、县富民公司建设5000吨托底收储库、龙头企业建设万吨以上外销库，从而构建产地大中小配套和采收、周转、托底、外销有机衔接的冷链物流体系，形成了功能完善的产地市场销售网络体系。**二是不断提高特色农产品的议价能力。**近年来，甘肃省保鲜库实施主体主要是农民合作社，不仅能有效组织农户开展特色产业规模化、标准化、集约化生产，而且通过统一储藏和销售，可以直接对接销售端，通过规模化强化自身的议价能力，减少中间流通环节，从而打造标准化、高质量果蔬产品直销模式，提高供应链整体盈利水平。以麦积区为例，全年通过保鲜库贮存，使全区苹果保鲜增值达到20%以上，增值收入近3亿元。**三是为办实合作社提供了有力支撑。**通过建设保鲜库，合作社的服务功能和赢利能力明显增强。目前甘肃省农产品仓储保鲜冷链设施有龙头企业（富民国有公司）经营、脱贫村专业合作社持有经营（折股量化到脱贫户）、农民专业合作社或家庭农场经营三种模式，初步形成了"企业＋合作社＋农户"的联农带农为农机制，运营上基本满足了多方面、多层次的需求。

（十一）宁夏：补齐短板，守护新鲜，助力乡村振兴

宁夏把农产品产地冷藏保鲜设施建设作为补齐农业短板、延伸产业链条的重大工程来抓，先后出台了一系列扶持政策。2020—2022年，累计争取农业农村部支持资金2.3亿元，撬动社会各类资金21亿元投入产地冷链设施建设，建成产地冷藏设施1249座，在青铜峡、同心、隆德、沙坡头整县推进，新增贮藏能力达22.3万吨，特色农产品保鲜保值和议价能力有了显著提升，为促进农业增效、农民增收发挥了重要作用。特别是在疫情期间，全区各地新型经营主体采取收获先入库后销售的措施，库存马铃薯、西蓝花、萝卜等各类蔬菜以及苹果、枸杞等各类经果林产品共计17万吨，有效缓解农产品外销受阻，为保障农产品供给发挥了重要作用。

1.强化组织领导，压实靠实责任

一是聚焦主责主业，强化责任落实。自治区农业农村厅将农产品仓储保鲜冷链物流设施建设作为现代农业发展的重大牵引性工程，纳入农业农村高质量发展和乡村振兴的重要内容，精心谋划，统筹部署，成立农产品仓储保鲜冷链设施建设项目工作专班，进一步细化任务，明确职责，强力推进，推动决策部署落地落实。二是聚焦部门联动，强化协作配合。强化部门联动，密切协作配合，共同研究会商，制定配套政策。针对农产品仓储冷链设施用电、设施农业用地等问题，积极协调自治区发展改革委、自然资源厅，联合印发《关于进一步落实农产品仓储保鲜冷链设施建设优惠政策的通知》《关于加强设施农业用地管理促进现代农业健康发展的通知》，积极落实设施农业用电、用地优惠政策，形成了协作配合、齐抓共促、合力推进的工作格局。三是聚焦金融保险，强化政策保障。联合宁夏农业信贷融资担保有限责任公司，发挥财政、政策性担保、银行等各类政策手段优势，加快财政、金融政策配合、资源融合，创新财政支持农产品仓储保鲜冷链设施建设投入机制，引导更多金融社会资本支持农产品仓储保鲜冷链设施建设，为打通农产品出村进城"最先一公里"和"最后一公里"，开展金融支持农产品仓储保鲜冷链设施建设工作，与宁夏黄河农村商业银行、中国邮政储蓄银行宁夏分行、宁夏银行签订战略合作协议，对自治区内所有农产品仓储保鲜冷链设施建设项目应担尽担，实行远低于市场平均融资成本的优惠利息和担保费率，有效解决经营主体融资难、融资贵的问题。

2.强化顶层设计，坚持规划先行

一是深入调查研究。及时组织专家团队和技术人员深入县（市、区）、家庭农场、农民专业合作社，对冷链设施现状、建设需求、建设成本进行摸底调研，了解和掌握了新型农业经营主体冷链设施的建设规模、资金需求、土地落实等情况，确保项目落地、落实、落细。二是修改完善方案。在深入调研的基础上，组织召开专家论证会、研讨会，结合全区冷链现状和产地需求，修改完善了自治区农产品仓储保鲜冷链设施建设实施方案和农产品仓储保鲜冷链设施建设技术方案，根据库体的建设规模核算建设成本，制定了冷链设施建设技术参数及补贴标准，依据冷库建设类型和库容实行定额补贴。三是强化专题培训。高标准举办了四期农产品产地冷藏保鲜设施建设工作启动会暨培训班，邀请农业农村部规划设计研究院、中国农业大学国家农业市场研究中心专家进行专题辅导和现场培训，重点破解项目建设中的设施布局、建设规模、设备匹配、智慧管理、冷库改建等问题，为项目的顺利实施提供技术支撑和人才保障。

3.强化要素保障，力推项目建设

一是强化技术支撑。成立全区农产品仓储保鲜冷链物流设施建设专家组，由宁夏大学、北方民族大学和自治区乡镇企业经济发展服务中心教授、专家组成，为建设全过程提供技术交流、培训和指导服务，切实解决建设过程中遇到的业务流程、技术标准等问题。依托甘肃农业大学，开展农产品仓储保鲜冷链物流设施建设项目标准化课题研究。二是强化质量管控。按照"实时跟踪、严格管理、建管并举，质量第一"的原则，指导建设主体与有资质且信誉良好的施工单位签订建设施工合同，明确建设主体对建设和采购的设施设备拥有所有权，同时承担安全建设运营的主要责任，要求设施建设、设备购置等事项过程记录存档。明确项目未按期开工建设的，将取消其补贴资格，督促实施主体加快建设进度，提高建设质量。三是强化过程监管。每年联合自治区财政厅对冷链设施建设过程进行监督检查，定期调度，及时发现和纠正建设中存在的问题，确保冷链设施建设按期建成、当年使用、当年见效、长期运行。

二、整县推进产地冷藏保鲜设施建设经验与做法

（一）山西临猗：统筹推进提质扩容，推进"地头冰箱"

2021年，山西省临猗县依托临猗苹果中国特色农产品优势区、现代农业产业示范区建设，坚定实施农业"特""优"战略，紧紧抓住全国农产品产地冷藏保鲜整县推进试点机遇，统筹推进，多向发力，"地头冰箱"升级改造蔚然成风，进而带动以果品种植、冷藏和销售为主的供应链不断健全，逐步实现了"百棵苹果树，能富一农户"的目标。

1.聚焦提质扩容，打通"最先一公里"

临猗县果品种植面积110多万亩，年产量约250万吨，但全县452座果品冷藏保鲜库年冷藏能力仅有75万吨，只占到总产量的30%左右。面对这种情况，临猗县高质量开展整县推进试点工作，组建专班跟踪落实，有效破解了"贮能小"和"市场大"的矛盾。一是建设标准普遍提高。通过两年冷藏保鲜项目的示范引领，打破了全县冷库"氨制冷"一家独大的局面。2022年，全县共有400余家冷库采用了"水制冷"或者"氟制冷"，占比超过90%。二是

冷库容量得到扩充。2021年全县共立项建设主体28个，年冷藏保鲜能力扩增5万吨，新增库容每年可带动全县果农增收5000余万元，实现了"大小乡镇全覆盖，坡上坡下都受益"。三是**保鲜技术实现突破**。通过冷藏保鲜设施建设项目的实施，临猗县的果蔬冷藏保鲜设施及技术水平得到了很大改善。新型制冷设备及保温材料的应用大大提升了设施的自动化水平和运行的稳定性及安全性，使得冷藏保鲜设施更加节能、低碳环保、控制精准，进一步提高了果蔬的贮藏品质。预冷库、电动叉车、立体货架等配套设备，节约了大量人力成本，提高了生产效率。

2.聚焦产品销售，创新"三种模式"

依托冷藏保鲜设施的大力建设，临猗县架桥开路，将田间地头直接变为销售市场，让"小农户"拥抱"大市场"成为可能。一是**"园区＋航母"**引领畅销。立足黄河中游晋陕豫金三角地带核心区的地理优势和国家特色农产品优势区优势，依托位于现代农业产业示范区核心区的农商城打造冷链物流，打造农商航母，年交易量预计可突破500万吨，支撑晋陕豫黄河金三角区域果品健康发展。二是**"前店＋后仓"**线上旺销。"前店"是依托电商网店，通过各种网上销售渠道，把合作社的水果和其他农产品销售出去。"后仓"是依托冷藏保鲜库和中转包装基地，通过合作社设点收购，把水果贮藏起来以便延长货架期。临猗县发挥全国电子商务进农村示范县优势，整合"三通一达"、极兔五家快递公司形成"快快合作"统仓共配，全县建成1个县级物流中心，32条乡村物流线路，创建农商旅融合电商村，培育10家龙头电商主体，年销售各类果品20亿元。三是**"出口＋农超"**对外直销。通过品牌网店、涉农冷库与广大果农的结合，构建起产地网销、农超和出口相结合的直销模式，实现产销线上精准对接。2022年，全县年出口水果稳定在10万吨以上，与全国20家超市实现"农超对接"，设立直销窗口30个，让名优农产品走上品牌化经营道路。

3.聚焦优质优价，倒逼"产业升级"

因果品货架期延长，电子商务快速发展，直接带动了当地果品销售，实现了优质优价的销售溢价，从而倒逼全县果业全"链"各"点"提档升级。**一是高新技术推广有力**。广泛推广老果园"两大设施配套、六大技术集成"、新建园"六新技术"，实现了管理的科学化、标准化和精细化。同时配备物联网信息平台、农产品残留检测等先进管理设施，推动物联网技术与标准化生产有机结合，实现了苹果产业的智慧管理、智慧生产和智慧营销。二是**良种**

苗木繁育领先全国。为推动全县果业高质量发展，临猗县全力打造国家区域性良种苗木繁育基地核心区，在苗木质量上寻求突破，大力培育省力省工宜机械化的优良苗木。通过与北京市林业果树科学研究院、临猗县领航达果业科技有限公司的深度合作，2022年生产的"一抗双脱"矮砧苗木已达到国内领先水平。三是营销运营渐入佳境。截至2022年，全县注册商标60个，"三品一标"认证产品达到68个，先后建立了农业休闲观光园、旅游带，连续举办十届果品文化节、三届鲜枣文化节，年平均签约项目5个。

（二）浙江慈溪：推进共享冷库数字化，有效打通"最先一公里"

慈溪市位于杭州湾出海口，果蔬种植面积居浙江前列，被誉为"中国杨梅之乡""中国黄花梨之乡"和"浙江蔬菜之乡"，农产品冷藏保鲜需求十分强烈。2021年慈溪市以国家农产品产地冷藏保鲜整县推进试点为契机，以数字化改革为手段，推出慈溪市共享冷库数字化应用，实现产地冷库业务全穿透、主体全上线、地图全覆盖、风险全管控、服务全集成，有效打通农产品流通"最先一公里"，促进了共富建设。"共享冷库"经验已在浙江省广泛推广，也受到CCTV新闻频道等媒体关注报道。

1.聚焦大需求，找准小切口

对于农产品产地冷链物流，农户主要有四"盼"。一是盼望能建更多的冷库。慈溪水果种植面积20万亩，蔬菜种植面积48万亩，年产果蔬约120万吨，需要冷库库容150万米^3；慈溪连续4年推进冷链设施建设，现有冷库库容达68.5万米^3，但仍无法满足实际需求。农户希望有更多的冷库设施，帮助他们延长农产品保鲜期，实现错峰销售、错时销售和跨季销售，但因土地问题制约，不可能满足所有农户的建设需求。二是盼望能提高已建冷库的利用率。慈溪产地冷库以农户自用为主，60%存在季节性空置，如杨梅在5—6月使用，葡萄、蜜梨集中在6—10月，西蓝花集中在11—12月至翌年3—4月，平均空置时间6个月以上。冷库长时间空置会引起设备老化，造成资源浪费。三是**盼望能及时便捷获取行业信息**。慈溪葡萄、蔬菜种植数量大，单体规模10亩以下的葡萄小农户超过万户，但小农户获取市场行情、政策信息的能力较弱。因不能及时了解市场行情，农户议价处于劣势；因不能及时掌握政策信息，农户存在惠农政策漏享的风险。**四是盼望好产品能卖出好价钱**。由于好产品在市场上缺乏信用背书，按照标准化规程生产出的优质安全农产品辨识度不明显，优价很难实现。通过梳理分析农民群众的这些所需所盼，建好产地冷藏保鲜设施是刚性需求，高效用好设施并且延伸更多服务也是试点的应有之义。因此，慈溪市锁定"共享冷库"这个小切口，以数字化改革为手段，构建满足多元需求的共享冷库数字化应用。

2.构建大场景，集成好服务

慈溪市共享冷库数字化应用通过流程再造、组织重构、制度重塑，构建五大多跨场景应用，提升便民综合服务能力。**一是构建"我享冷库"多跨场景，盘活冷库闲置资源，为农户提供冷库出租和共享服务**。全面排摸慈溪冷库资源，将所有产地冷库位置、业主、容积、类型等信息全部"上图入库"，绘就"慈溪农产品冷库一张图"。打通电力部门智能电表数据，通过用电情况分析判断冷库空闲情况，并在"一张图"上展现闲置资源。开发微信小程序，为冷库业主提供"一键共享"和便捷管理功能，可以自主设定冷库共享意愿、联系方式；为有冷库需求的农户提供"智能找库""地图找库""冷库推荐"等便捷功能，找到合适的可以直接电话联系、或导航前往、或在线预约等。**二是构建"我享交易"多跨场景，自动采集市场数据，为农户提供市场信息和记账管理服务**。通过智能秤、智能地磅、平板等物联网设备和数据无线传输技术，在产地市场日常交易中，自动采集农产品重量数据。产地市场主体通过扫码、搜索等方式，查找录入的农户信息，选择收购农产品品类和价格，自动计算收购金额，并通过支付宝、微信、银行卡等方式，实时完成交易结算。产地市场的交易数据自动上传系统后台，通过加权分析，形成实时价格行情和冷库收储情况表单，在微信小程序中进行发布；通过分析整理，形成产品交易数字化账本，提供给农户个人。**三是构建"我享检测"多跨场景，建立质量检测和生产追溯数据链，为农户提供追溯证码和信用背书服务**。水果的外在品相与内在甜度都是直接影响价格的关键因素，慈溪市为果农提供水果糖度无损检测服务并实现数据协同。比如为葡萄生产主体提供服务，检测仪只需在水果表面停留几秒钟，就可以检测水果内部的糖度、干物质等指标，数据指标实时传输到系统后台，与慈溪市农产品质量可追溯系统实现数据互通，自动生成合格证和追溯证码标签；糖度数值低于标准值时，则会预警提醒生产主体延迟采摘时间。**四是构建"我享预警"多跨场景，实时采集冷库运行数据，为冷库业主提供检修提示和安全预警服务**。通过安装智能电表、温湿度传感、监控等设备，实时采集冷库的运行状态信息，设置数据异常三色预警，提醒主体进行冷库检修，减少在库农产品受损风险。结合市场信息数据，智能判断冷库库容，为主体合理配置冷库空间资源提供指导帮助。**五是构建"我享政策"多跨场景，集成信息发布、网上办事等功能，**

在线提供政策咨询、项目申报等服务。汇集发改、财政、商务、市场、国土、农业农村等部门的惠农政策信息，实现一屏查询；打通农资监管管理系统，实现网上购销；链接金融保险部门，实现一键投保；开发农业项目申报模块，实现项目申报、审批、验收等环节一网通办。

3.实现大牵引，取得好成效

自慈溪市场共享冷库数字化应用开发上线以来，经数次迭代升级，冷库业务包括项目申报、审批、建设、验收、运维、共享、进出库、安全检测、价格采集、质量追溯10项业务，实现全面穿透；冷库业主和有冷库需求的农户全部注册上线；"冷库一张图"覆盖全市所有211个已建成冷库；对项目建设的廉政风险、冷库运行的安全风险、出库产品的质量风险实现全面管控；共享服务、信息服务、管理服务、检测服务、安全服务、政务服务六大服务全面集成。在线点击量达到了14.21万次，发布信息6000多条，共享出租冷库570次，提高了冷库利用率，降低了闲置率，简化了农户办事流程，方便了农户信息的获取，取得了初步成效。**一是提升了项目实施绩效**。"慈溪农产品冷库一张图"，清楚展示了实施农产品产地冷藏保鲜设施整县推进试点项目情况和冷库实时状态，有利于项目长效监管。利用"共享冷库"应用，通过项目建设的冷链设施从受益一家到带动一群，提升了中央资金辐射覆盖面和实施绩效。**二是提高了农户抗灾能力**。2021年7月24日"烟花"台风到来前，慈溪农户利用"共享冷库"应用，一键查找周边闲置冷库，将灾前抢收的3000余吨葡萄、蜜梨等水果及时储存到冷库中，台风过后及时投放市场弥补市场空缺，水果价格上涨了10%～20%，有效减少了台风灾害损失。**三是推进了农户增收致富**。冷链项目实施后，通过错峰销售，农户种植的蜜梨收益同比增长50%以上，西蓝花收益实现翻番，农户笑谈"种植一年不如冷藏十天"。应用无损糖度检测仪，让农户更加便捷测定糖度等数据，对品质优异的提高销售价格，对糖度不符合标准的予以淘汰，实现了优质优价。产地市场数据自动采集分析和发布，帮助农户及时了解价格、需求等市场信息，逐步掌握定价权和话语权。**四是实现了优资增效**。"共享冷库"应用推广后，既为有冷藏需求的农户提供冷库共享的信息和渠道，也帮助闲置冷库主体提升冷库资源的利用率。根据供电部门提供的电量监测数据，共享冷库主体的冷库使用率平均增长在15%以上，切实激活闲置资源，优化资源配置，提升使用效率。**五是建立了跨部门跨行业的业务协同机制**。"冷库一张图"充分整合了自然资源部门天地空地图数据、商务部门冷链设施监管数据、供销部门购销数据、电力部门用电数据等，实现了冷库状态精准监测和跨部门全方位监管。在项目实施中，农业农村部门协同电力部门落实用电优惠政策，协同自然资源部门落实用地保障，协同金融部门对接金融优惠，协同市场监管部门对接"浙食链"阳光监管，有效提升"共享冷库"应用实效。

（三）湖南汉寿：强产地冷链服务，促"三链"融合提升

2019年，湖南省汉寿县仅有蔬菜、水果冷藏保鲜库8500多米³，冷藏能力1500多吨，远不能满足果蔬冷藏需求，果蔬产后损失巨大。为从源头上加快解决果蔬进城"最先一公里"问题，推动果蔬产业绿色健康发展，更好地满足城乡居民对高品质果蔬的消费需求，从2020年开始，汉寿县高质量推进农产品产地冷藏保鲜设施建设。全县科学布局，创新"田头市场＋新型农业经营主体＋农户"模式，截至2024年底，新增库容达13.6万米³，其中预冷库4.1万米³、低温库3.5万米³、高温库2.1万米³、通风库3.9万米³，新增冷藏能力160万多吨，果蔬损耗降低7.3%，示范带动农户3.1万多户，新增经济效益6.8亿多元，有力促进了乡村振兴。

1.延伸产业链，生产规模扩大

汉寿县是全国蔬菜生产重点县，蔬菜产业是县域经济特色主导产业，但蔬菜产后损失一直阻碍着产业的高质量发展。实施农产品产地冷藏保鲜设施建设项目后，蔬菜产业链得以健全，有效打破了时间、空间对蔬菜产品的限制，农民"望天收"的局面明显改善，实现了由原来不敢种、不敢多种向现在敢种、扩种的根本性转变。**一是基地不断扩大**。全县年蔬菜播种面积45.3万亩，产量180万吨。新增规模种植面积4.3万亩，新增规模蔬菜新型经营主体51家，比2019年增长了23.5%，建立规模以上蔬菜生产基地近9万亩，占全县蔬菜基地面积的40.9%。呈现出规模化、专业化、产业化发展的新格局。**二是布局不断优化**。随着农产品产地冷藏保鲜设施建设的实施，全县果蔬产业布局得到调整和优化，逐步形成了环西洞庭湖水生蔬菜产业圈，汉寿现代蔬菜展示园、围堤湖蔬菜核心示范园，加工蔬菜产业带、丘岗特色蔬菜产业带、出口型蔬菜产业带"一圈两园三带"的蔬菜产业发展新格局。**三是模式不断创新**。冷链产业的异军突起，也改变了传统的种植观念和种植模式，立体的、循环的、生态的种植模式应运而生，现已形成黄瓜/豇豆－甜瓜－松花菜，芥菜－一季稻，茄果（瓜类）－叶菜（松花菜、甘蓝），玉米－西甜瓜－叶菜（松花菜、甘蓝）等多种模式，既引进推广了新品种新技术，又促进了产业结构的调整。

2.畅通供应链，营销市场拓展

田头仓储的兴起，推动了冷链物流业的快速发展，一大批以优质果蔬生产基地为基础，以区域性、综合性、专业性冷链物流市场为依托，以企业为载体的冷链物流主体，在开拓国际国内两个市场，参与国内国际双循环中大显身手。一是**滞销变畅销**。2024年全县蔬菜产量达180万吨，除自食部分外，有160万吨销售出去，总产量、销售量分别比2019年增长了20.3%和25.5%。汉寿县兴旺达蔬菜种植专业合作社有1500多亩蔬菜、总产量1.2万吨，每年5—9月蔬菜集中上市时气候异常潮热，以前就用"土办法"进行预冷，即在冷水池"过一遍"，或是泡沫箱里放点冰，但挨冰的菜会被冻坏，挨不到又容易变质。2020年、2021年建起了5个1360米^{3}的预冷库，蔬菜可以及时贮藏保鲜，除满足新疆九鼎农产品公司5000吨订单外，还销往长沙、广州、上海等地的大型蔬菜批发市场，产品供不应求。二是**近销变远销**。以往汉寿果蔬在外运过程中，目的地超过500千米就无法保证品质，但冷链物流的发展则打破了这个"紧箍咒"。2024年，通过冷链物流销到省外的新鲜果蔬达140万吨，占总销售量的87.2%，比2019年增长42.6%。汉寿县汉美蔬菜种植专业合作社仅辣椒种植面积就有200亩，产量达820吨。原来虽有一座小型高温冷库，但时常处于"吃不下"状态，一多半辣椒只能销往本地市场，如销往外地，运到中途就开始腐烂了。2020—2021年新建了7850米^{3}冷库后，再不愁销不出、腐烂掉了，其每年收购和销售鲜辣椒近万吨，销往广州、深圳、虎门等地近8000吨，占销售总量的80%，营业利润近千万元。果蔬冷藏保鲜设施的建设，有效延长了果蔬的贮藏期和货架期，为提高果蔬议价能力、增加果蔬产值、促进农民增收、助推乡村振兴发挥了重要作用。三是**内销变外销**。前些年虽有6家出口型企业有少量蔬菜出口到韩国及中国香港、中国澳门等国家和地区，但形不成规模效应。冷藏保鲜设施建成后，使保鲜后的蔬菜得以出口。现在，每年近8万吨新鲜汉寿蔬菜带着属于自己的"身份证"，从田间地头出发，漂洋过海出现在日本、新加坡、马来西亚、泰国等国家的餐桌。2024年，汉寿蔬菜出口总额达到2271.8万美元，较上年度增长32.29%，新增直营出口企业一家，进一步拓展了海外市场渠道，成功进入了国际循环通道，标志着汉寿县蔬菜产业在国际市场上的影响力不断提升，为产业的国际化发展奠定了良好基础。

3.提升价值链，"三个效益"齐赢

产地冷藏保鲜设施的建设，有效延长了果蔬的贮藏期和货架期，为提高果蔬议价能力、增加果蔬产值、促进农民增收、助推乡村振兴发挥了重要作用。**一是稳定的经济效益。**产地冷藏保鲜设施建设使果蔬可根据市场行情选择上市时间，实现错峰销售，降低或规避了市场风险。如年初上市的大白菜，直接上市仅卖0.8元/千克，但经过冷藏，延迟上市时间，再运往广东、长沙、上海等地批发市场，可卖到2元/千克。这样，每亩大白菜可增加收入6000元左右。湖南青玉家庭农场种植了100亩蓝莓，每年5月20日左右上市，未建冷库时，有1/3的蓝莓因高温烂掉。建起冷库后，蓝莓在冷藏库进行预冷保鲜后，再分批次运往长沙、株洲、湘潭等地，每千克售价100元，亩产值高达5万元。**二是惠民的社会效益。**产地冷藏保鲜设施建设促进了一二三产业的有效融合，拓展了就业平台。2024年全县从事果蔬生产、加工、销售的富余劳动力达到6万人，比2019年增加1.2万人。汉寿县光华蔬菜专业合作社，有蔬菜基地400多亩，季节性吸纳周边务工者多达2800人次，在家门口就业成为农民增收的重要渠道。2024年全县增加19家果蔬企业参与联农带农，每家企业建立不少于3项利益联结机制，受益脱贫户、监测户1213户3125人，实现了稳定脱贫增收。**三是良好的生态效益。**产地冷藏保鲜设施建设为打好污染防治攻坚战提供了支持。一方面，果蔬在高温下腐烂在田间地头导致农业面源污染的现象明显减少。另一方面，所有建设项目均符合本地环保要求，无一例违规开工作业。湖南省圣同农业科技发展有限公司联合6家蔬菜专业合作社，投资4800万元，在围堤湖蔬菜产业园建起了占地35亩的大型冷藏库，可一次性冷藏蔬菜近2500吨，每年可冷藏蔬菜近50万吨。成为湘西北最大的冷链物流集散中心和产地批发市场中心。这种"集中建冷库"的模式，正是汉寿坚持走资源节约、产业集群、环境友好高质量发展之路的见证。

（四）重庆江津："四个整合"协同发力，成功创建全国农产品骨干冷链物流重点县

近年来，江津区按照"中央资金引导、区级财政配套、主体融合参与"总体思路，通过"四个整合"深入推进全国农产品产地冷藏保鲜设施建设整县推进试点，截至2024年底累计投资1.85亿元，建成冷藏保鲜设施308座17.3万米^3，扩容4.9万吨，2024年入选农产品骨干冷链物流重点县（重点市）建设名单。

1.整合政府资源，形成供给优势

试点初期，由于冷藏保鲜设施建设试点项目财政补助比例相对较低，加之农业项目投资周期长、见效慢、设施农用地备案要求严格等诸多原因，主

体申报意愿不强、建设积极性不高。为打消经营主体顾虑，提升主体参与试点的积极性，江津区在财政补助叠加、信息资源共享、优化服务等方面进行了有益探索。**一是叠加配套资金。**在全面落实中央资金扶持政策的基础上，江津区整合区级财政资金，出台"叠加补助10%、单个主体不超过30万元"的激励政策，从2020年开始，连续三年投入区级财政资金1400多万元，有力刺激了各类主体项目申报积极性，累计支持符合申报条件的主体110个。**二是共享信息资源。**充分结合实施"互联网＋"农产品出村进城工程试点，健全"互联网＋"农产品出村进城信息调度体系，统筹资金打造区级综合调度平台，逐步将全区冷藏设施信息接入，实现全区冷藏设施资源共享，每年发布冻库出租信息20余条。**三是联动审批流程。**针对设施农用地备案涉及农业农村、林业、规划和自然资源等多个主管部门，出台《关于进一步规范设施农用地管理的通知》，将备案权限下放到镇街，实行"一套资料联审、多个部门联办"，将过去15个工作日的办理时间缩短到5个工作日以内，企业满意度由2020年的67.86%上升到2024年的99.95%。

2.整合集体资产，扩大规模优势

江津是全国闻名的"中国花椒之乡"，2024年全区花椒种植面积达53万亩，全产业链综合产值55亿元。试点以来，江津充分利用花椒产业重镇——先锋镇产业优势，探索"政府引导、村居建设、公司运营、按股分红"的发展壮大集体经济新模式，走出一条村级集体经济组织出地，财政补助资金出钱，当地政府牵头招商，从而发展壮大集体经济的"筑巢引凤"之路。**一是巧用土地"生金"。**为解决部分村居因位置偏远又无资源优势、全镇花椒等农产品保鲜设施设备严重缺乏、流通成本高等难题，先锋镇选址交通便利的绣庄村，利用现有建设用地，统筹绣庄村等10个村（居）壮大集体经济项目资金，采取入股联建的方式，形成发展合力，破解用地难题。**二是活用政策"成势"。**成立镇村集体公司——重庆市江津区正屹实业有限公司，以村公司为项目主体，申请财政补助资金450万元，绣庄村等10个村（居）自筹集体资金370万元，新建厂房占地面积3858米^2，其中，冷冻库6间共1800米^2，库容6000余米^3。**三是善用营运"聚财"。**项目建成后，由重庆市江津区正屹实业有限公司负责整体运营，2022年4月，通过招标形式完成冷藏设施出租，成交价为80.2万元/年。此举不仅增加了集体经济组织的经营性资产，也补齐了该镇冷藏保鲜设施的短板，更带动了偏远村的集体经济发展。项目建成后，该镇年经营收入突破10万元的村占比达100%。

3.整合市场需求，发挥比较优势

试点工作中，为解决部分主体和农户有需求，但不符合主体申报资格，或用地、自筹资金受限，或需求量过小等问题，积极探索多主体联建、以产业或产业链带动农户等模式，实现联建共享、联农带农，共同发展。**一是共享牵引，打造"田头市场"模式。**鼓励多个申报主体在农产品生产基地联合建设冷藏设施，形成"田头市场"，联建共享。李市镇双河村龚培勇花椒种植家庭农场、画眉湾家庭农场、双塘边农民专业合作社、品聚蔬菜种植合作社4家主体联合建设花椒"田头市场"，集中建设冷藏设施10000米^3，形成农产品预冷、分级、烘干、包装、冷藏、销售等全产业链，2024年辐射带动周边农户1000余户，交易青花椒2000余吨，交易额达1900余万元。**二是利益驱动，打造"产业带动"模式。**西湖镇黄泥社区迟墙坡林业种植股份合作社引进本土人才，利用冷藏设施培育羊肚菌种苗，并发放给周边农户种植，之后回收羊肚菌。2021年新建冷库2597米^3，可贮藏羊肚菌500吨以上。鲜货出口日本、韩国最低价格1200元/千克，国内也在200元/千克以上；干货出口欧洲等地，销售价格在4000元/千克左右。由此带动周边3个村产业发展，创造就业岗位600个，农户创收300万元以上。**三是信息联动，打造"电商引领"模式。**石蟆镇利娟家庭农场2021年新建通风库、机械冷库共2700米^3，鲜货农产品储存量达540吨以上，2023年电商销售额达1000余万元，年收发包裹10万余个，带动30人稳定就业，带动周边300户农户户均增收500元，成为津西片区冷链物流集散地。

4.整合企业管理，增强服务优势

针对新型农业经营主体有资金需求但无实物抵押贷不了，银行有资金但风险较大不敢贷等融资难、融资贵的问题，江津区通过建立风险资金池、开发专项贷产品、出台降息贴息政策等措施，切实解决了建设主体融资难题。**一是收集资金需求。**江津区整合重庆市农业融资担保集团、重庆市农村商业银行、中国建设银行、中国农业银行、中国邮政储蓄银行等区内各金融机构，建立融资担保"风险资金池"与信息共享机制，搭建区级融资平台，按季度收集汇总经营主体资金需求和金融机构信贷产品信息，实现供需两侧信息互联互通。**二是开发专项产品。**鼓励金融机构开发冷藏保鲜设施建设专项贷产品，2021年全区发放冷藏保鲜设施建设专项贷款500余万元。如中国建设银行推出冷链贷，针对当年立项建设主体，通过手机银行"裕农快贷"入口，授权查询补贴信息获得信用贷款线上授信和签约，贷款期限1年，利率

4.25%，到期还本付息。**三是降低融资成本**。通过联合重庆市农业融资担保集团，全面落实担保费补助政策及央行支农小再贷款利率优惠政策，可将综合融资成本最低降至3.95%。**四是首创"花椒银行"**。着眼于解决以散户种植为主的椒农仓储能力弱、融资难、抵御市场风险能力差等系列问题，联合商业银行推出"花椒贷"信贷产品，创新开展"仓单质押"，通过建立健全利益和风险联结机制，银行、担保公司、仓储管理者、风险保障金按照2：5：2：1比例承担风险，保障产品"有钱收"、储户"有钱存"，已累计为594户产业主体投放担保贷款5.06亿元。

（五）四川金堂：多措并举，全力推进农产品产地冷藏保鲜设施建设

金堂县认真贯彻落实中央关于加快补齐农产品产地冷链设施短板决策部署，以全国农产品产地冷藏保鲜整县推进试点县为契机，紧紧围绕保供给、减损耗、降成本、强品牌，积极融入全省"10＋3"、全市"4＋6"现代农业体系，立足"133"现代产业体系发展，聚焦生鲜农产品，着力加快推进农产品产地冷藏保鲜冷链设施建设，从源头上有效解决农产品出村进城"最先一公里"问题。

1.坚持谋篇布局，加快工作推进机制

一是强化总体布局，聚焦特色产业。金堂县积极探索"区域三中心＋多节点"建设模式，以高板、金龙、官仓为中心，形成转龙、竹篙、赵家等多个节点，围绕"川果""川菜"等特色产业，加快构建"一村一品"和"一村一库"的现代农业冷链物流体系。2020—2024年，共争取中央及省、市财政资金4400万元，新建农产品产地冷藏保鲜设施85个，新增静态库容量3.1万吨，配置清洗、分选、包装、地磅等配套设施设备20余套。2024年底，全县农产品产地冷链静态库容量达8.18万吨，年周转量达44.5万吨以上，农产品平均延长上市期25天左右，腐损率降低10%以上，价差助农增收35%以上。二是强化组织领导，组建工作专班。县政府领导高度重视农产品产地冷藏保鲜设施建设，不定期召集财政、规划和自然资源、交通、市场监管、农业农村及国家电网等部门，专题研究并协调解决农产品产地冷链建设存在的困难和问题。县农业农村局开展"一站式"服务，采取现场教学、集中培训和参观样板库等方式，累计开展专业化、全程化、实用化培训210余场次，发放宣传资料1500余册。三是强化制度监管，确保有序实施。制定项目资金管理办法等专项管理制度，建立健全"全过程监管、一体化推进"的监管体系，对项目可研论证、方案编制、建设、验收及绩效评价等环节实行全过程管理，确保项目早建设、早投运、早见效。创新社会诚信与项目管理有机结合，与每个建设主体签订综合信用承诺书，明确项目原则上不予变更，对于无故放弃项目建设、不经审批随意更改项目建设内容的给予三年内不得享受同类涉农补助项目的惩戒。

2.坚持创新发展，落实要素保障机制

一是合力破解"用地难"。建立农业农村、规划和自然资源、属地镇（街道）和业主的四方会商机制，协调解决项目用地问题，2020—2024年，优先保障设施农业用地118亩。探索通过租赁、入股等方式，利用村集体闲置资产等资源建设10个冷藏保鲜设施，既实现村集体资产保值增值，又带动农户增收致富。二是创新破解"资金难"。构建政、企、银通力合作机制，发挥"农贷通"平台推广应用功能，拓宽项目主体融资渠道。遵循"政府引导＋市场化运作"模式，创新推出"振兴贷"金融产品，该金融产品以财政补贴资金为信用担保和贷款上限，精简抵押、担保等程序，累计帮助22个项目实施主体获得无抵押贷款2360万元，有效破解融资难、融资贵等难题。三是支持破解"用电难"。严格落实农业生产用电价格优惠政策，有效降低设施运营业主用电成本。累计协调解决扩容、安装等用电问题12个，保障17个项目按期投产运营。

3.坚持健全利益联结机制，促进项目提质增效

一是做实项目联建，实现共建共享共赢。坚持市场化运作，鼓励引导项目主体探索"村集体＋村集体""村集体＋合作社""合作社＋家庭农场"等项目联建模式。金堂县官仓街道爪龙溪社区股份经济合作联合社和成都金秀果蔬专业合作社在金堂县官仓街道爪龙溪社区5组联建1200吨低温库，由村集体出地，成都金秀果蔬专业合作社出资，有效解决了村集体经济组织"资金难"、合作社"用地难"问题，财政补助200万元形成的资产，平均量化到全体成员。冷藏库建成后由成都金秀果蔬专业合作社运营，所得收益按比例分配给村集体经济组织。二是做优一库多用，提升冷库使用率。建立管理台账，对县域内的每个冻库存放品类、使用季节、是否对外租赁等信息均登记在册，实行动态管理。鼓励季节性储存果蔬的冷库在闲置期对外租赁，做到冷库不空闲、不浪费。金堂县高板镇惠民家庭农场400吨高温库，每年5—8月储藏自产的桃、李子等水果，10月至翌年5月冷库闲置期，将冷库租赁给电商企业，冷库全年使用率从原来的33%提高到91%。三是培育发展联合体，推进全产业链发展。依托农产品产地冷藏保鲜设施建设项目，以成都天绿菌业有限公司等龙头企业为引领，联合合作社、家庭农场等新型农业经营主体，依托3000余吨冷库，建成上下游相互衔接配套、多主体全要素融合的农产品冷链物流产业发展联合体，实现年营业收入3000万元，辐射带动周边420户农户户均增收6000元。

（六）广州增城：构建田头冷链体系，农业产业一路领"鲜"

田头冷链建设在保障农产品质量、提升市场竞争力、增加农民收入和推动乡村振兴等方面都具有重要的意义，是推进乡村全面振兴和县域经济发展的重要抓手。近年来，广州增城按照"农有、农用、农享"的原则，立足本地资源禀赋，加强农产品产地冷藏保鲜设施建设，聚焦鲜活农产品产地"最先一公里"，搭建产地冷链体系，完善全产业链条。建设冷藏设施177个，冷藏保鲜总库容约8.45万米^3，不断提升优势特色农产品的产业发展水平，构建了"从田间到餐桌"全过程农产品冷链物流体系。

1.构建产地冷链体系，走好保"鲜"第一步

增城，地处粤港澳大湾区核心区域，是广州最大的农业生产基地，也是粤港澳大湾区重要的"菜篮子"基地。区内农产品丰富，拥有丝苗米、荔枝、迟菜心等5个国家地理标志保护产品。通过构建产地冷链体系，提升产地冷链利用率，实现"保供给、减损耗、降成本、强产业、惠民生"，成功探索出了"增城产地冷链运营模式"。一是政策"护航"。紧紧围绕粮食、迟菜心、荔枝、番石榴、蓝莓等优势特色农产品，大力实施设施农业现代化提升行动，通过印发《增城区产地农产品冷藏保鲜设施建设工作方案》，推动田头冷藏保鲜设施建设合理布局、有效运作。二是资金"开路"。通过坚持"优质鲜吃好价"，加大财政资金投入，有效带动企业建设产地冷链积极性，2021—2024年共整合各级资金3984.03万元，撬动社会资本投入6752.98万元，建设39个冷藏保鲜类设施项目，拓宽了增城区产地冷链的覆盖范围，缩短了新鲜蔬果从采摘到出货之间的周期，提升了新鲜蔬果品质，建立起企业与农民的"双线"利益联结机制，促使更多农业企业、种植户受益。三是企业"响应"。政策、资金吸引，企业双向奔赴，与政府共建田头冷链体系。如乡丰公司在区级财政资金的支持下投入800万元建设了2个农产品保鲜冷库，实现了园区果品仓储、前置加工处理、冷链中转等功能，延长产品的保鲜时间，降低水果采后失果率20%以上。

截至2024年，增城全区拥有产地冷藏保鲜设施企业76家，共建设冷藏设施177个，全区冷藏保鲜总库容约8.45万米^3。其中50亩以上规模菜场已建设冷库的有17家，菜场面积1.22万亩，冷库规模共2.13万米^3。固定果蔬冷链车约有 50 台，荔枝集中上市期间合作的冷链车（含快递冷链车）约有 300 台。产地冷链辐射农民收入高出当地平均水平 10% 以上，农产品附加值提升 10% 以上。2024 年 3 月增城区获评第一批全国现代设施农业创新引领区。

2. 搭建农产品产销桥梁，实现保"鲜"零距离

田头仓储冷链物流是生产对接市场、工业对接农业、产品成为商品的桥梁纽带。**一是发挥示范带动作用。** 增城充分发挥农业龙头企业的示范带动作用，积极推动广州市仙基农业发展有限公司等农业龙头企业建立大型冷库，辐射带动周边农户在半小时车程内对农产品进行冷藏存贮，通过前置仓、落地配等流通模式，以最快速度将农产品送达消费者手中。**二是延长销售半径。** 通过在消费城市布局供应仓、与国内大型物流企业合作等模式，不断扩大销售半径，拓宽农产品销路。创鲜农业发展有限公司通过搭建城市前置仓供应链，在北上广深一线城市消费者下单后，30 分钟即可将农产品送到消费者手中。荔铭农业通过菜鸟驿站完成农产品的分发配送，在降低快递物流成本 30% 的同时，实现了增城农产品省内次日达、省外隔日达。**三是开展产地直供。** 探索"产地直链销地""农户 + 合作社 + 企业"等模式，省去中间环节，实现生鲜农产品从田头到餐桌"直线"供应。2023 年在增城荔枝集中上市期间，增城与山东省鲁商集团开展业务合作，打造增城荔枝"田头直采，航空直供山东"模式，采摘后的增城荔枝通过一系列冷链物流在 24 小时内到达山东超市，有效扩大了荔枝的销售半径。

3. 探索设施保险新路径，推动农产品保"鲜"无忧

农业保险作为现代农业发展的重要支撑，是农民和农企的"避风港"。增城探索农业保险新路径，为农业产业发展排忧解难。**一是开展保险试点。** 为进一步推动现代设施农业发展，增城积极探索设施农用地附属设施保险试点工作，积极发挥农业保险保障兜底作用，增城太平洋农险公司与荔果源家庭农场实施广州地区首例设施农用地附属设施保险，保额达 165.91 万元。**二是做好服务指导。** 多部门联动建立增城特色农产品（荔枝）"气象 + 农业"气象灾害风险预警联动工作机制，利用科技手段为增城特色农产品提供及时、科学、高效、专业的气象灾害风险监测预警和预报；提升应急响应能力，强化农业生产救灾复产技术措施，畅通保险理赔绿色通道，最大限度降低自然灾害对农业生产经营的影响。**三是适时推广试点经验。** 适时组织开展"三农"企业产融对接、培训班等活动，多方合力做好政策解读工作，让农户不仅"懂政策"，还能"用政策"，总结推广设施农用地附属设施保险试点工作成效，着力提高农户和新型农业经营主体对农业保险支农惠农政策的知晓度，进一步拓宽农业保险覆盖面，设施农业从此再无后顾之忧。

三、经营主体建设运营冷藏保鲜设施经验与做法

（一）湖北省天门市宏业兴家庭农场：建管运一体，带动周边产业发展

1.基本情况

天门市宏业兴家庭农场是一家集蔬菜种植、收购、初加工、冷链保鲜运输、产后商品化处理、销售于一体的全产业链现代化家庭农场，2017年被评为省级示范家庭农场。为增强蔬菜产品的商品化处理能力和抗风险能力，天门市宏业兴家庭农场于2020年8月启动农产品产地冷链设施建设，主要建设内容包括气调冷库1座6间，库容4000米³，并另行配套了蔬菜清洗、分级、包装、称重等相关设施设备，其中冷库投资556.64万元。天门市宏业兴家庭农场在天门市多宝镇、拖市镇、蒋湖农场等地共流转土地5000余亩种植各类蔬菜，并以统一作物布局、统一种植模式、统一提供种苗肥药、统一技术指导、统一质量标准、统一保底价格收购的"六统一"模式，与农户签订种植订单收购协议，带动500余户农户发展订单农业6000亩，主要仓储品种包括萝卜、甘蓝、大白菜、娃娃菜、花菜、马铃薯等，年吞吐量达5万吨。在市场销路方面，天门市宏业兴家庭农场与武汉、北京、上海、广州、深圳等地的农贸市场、大型超市签订长期供货协议，并对湖南百农汇、甘肃达利食品等配送、加工企业直供新鲜蔬菜产品。

2.创新做法与典型经验

一是采用气调预冷新技术，大幅提高保鲜打冷效率。在冷库建设上，天门市宏业兴家庭农场选用了气调冷库新技术，配套安装有果蔬气调降氧机、二氧化碳脱除机、臭氧灭菌过滤乙烯机、自动循环检测系统等设备，能使蔬菜进库后快速进入休眠状态，大幅延长保鲜时长。2023年，天门市宏业兴家庭农场在原建成的冷库基础上，对设备进行升级，购置安装真空预冷保鲜机两套，每周期处理量10吨，每周期处理时间45分钟，年真空保鲜叶菜吞吐量达6000吨，能服务于天门市宏业兴家庭农场自有2000亩的叶菜种植，并为周边农户提供社会化服务，有效提高本地鲜活农产品产地仓储保鲜打冷效率，使产后损失率显著下降，商品化处理能力普遍提升，产品附加值大幅增长。二是配套商品化处理设备，有效提高蔬菜产品质量。在冷库建成后，天

门市宏业兴家庭农场同时购置了3条白萝卜清洗、分级、包装半自动生产线以及1万个叶菜货筐，大幅增强了蔬菜产后商品化处理的能力，蔬菜采收后，经过商品化处理设施进行清洗、分级、包装，再进入冷库打冷后进入市场，蔬菜产品无论是品质还是品相都受到消费者的广泛认可。**三是分品分类储存农产品，建立蔬菜产品专供体系。**截至2024年，天门市宏业兴家庭农场共建成冷库设施11间，大幅提高了蔬菜产品的供货周期，在4月、7月、8月、9月多宝镇本地蔬菜季节性断供时，天门市宏业兴家庭农场会提前分品分类用气调库冷藏一定量的蔬菜，为长期稳定的客户直供，建立了蔬菜产品专供体系。

3.建设成效

一是提升产地蔬菜错峰上市能力。天门市宏业兴家庭农场农产品产地冷链设施建成后，新增冷库库容4000米^3，单次冷藏储存量达800吨，能服务于4000亩新鲜蔬菜的保鲜、打冷，农场自种农产品低温处理率达80%以上。冷库气调设施设备的运行，将蔬菜产品的保鲜时长延长了2~6个月，保鲜蔬菜品种品类覆盖天门地区全类蔬菜农产品，有效实现了蔬菜产品的减损、提质、保供，大幅提升了产地蔬菜错峰上市的能力。**二是促进耕地整村流转试点开展。**2020年，天门市宏业兴家庭农场冷库设施投入使用后，为进一步促进农业产业升级，在天门市农业农村局和多宝镇委、镇政府的大力支持下，在多宝镇铜架山新村成功开展了整村耕地流转试点，长期流转铜架山新村耕地2476亩，大幅提高了蔬菜种植规模化、集约化水平，实现节本增效。**三是健全蔬菜产业冷链运销体系。**天门市宏业兴家庭农场依托冷库设施优势，实现规模化蔬菜种植，并以此为基础推进农商互联，完善产品供应链，健全蔬菜冷链运销体系，向产销一体化发展，通过购置农产品商品化处理设备与冷库设施共同运用，进入市场的蔬菜产品无论品相还是新鲜程度都得到了保障，天门市宏业兴家庭农场与武汉、北京、上海、广州、深圳等地农贸市场、大型超市签订了长期合作协议，形成了稳定的菜商、家庭农场、农户"三位一体"的产销模式，销路稳定，产业链完整。

（二）重庆市江津区广兴镇沿河村股份经济合作联合社：建立"三个体系"，成功培育全国名特优新农产品

1.基本情况

重庆市江津区广兴镇沿河村是广兴枳壳产业的核心区，为切实提高枳壳产地加工能力，有效抵御市场风险，不断提高产品附加值，重庆市江津区广

兴镇沿河村股份经济合作联合社（以下简称广兴镇沿河村股份经济合作联合社）实施2022年枳壳产地冷藏保鲜设施建设项目，新建800米³高温冷藏库2座、新建2500米³通风库1座以及配套设施，总投资300万元，其中财政补助120万元，自筹180万元，年储藏和加工鲜枳壳2000吨，储藏干枳壳500吨。通过产地加工实现每千克鲜枳壳提升附加值1元，年增值约200万元。

2.创新做法与典型经验

一是**创新产业链条体系，实现从"卖产品"向"卖品牌"转变**。随着冷藏保鲜设施建设发展，进一步提升了农产品质量，为创建品牌提供了坚实的基础。以集体经济组织为龙头，建成从枳壳种质资源保护到生态种植，从产地加工到冷链仓储等全产业链，成功申报"江津枳壳"地理标志商标，注册"津广枳"商标，加工产品入选全国名特优新农产品目录，成功创建重庆市"一村一品"示范村镇、重庆市道地药材生态种植基地。2024年6月，广兴镇沿河村股份经济合作联合社获重庆市乡村振兴贡献奖。二是**创新经营管理体系，实现从"空壳村"向"产业村"转变**。广兴镇沿河村通过建设冷藏保鲜设施项目，实现了枳壳全产业链的形成。以广兴镇沿河村股份经济合作联合社为"母公司"，整合广沿果蔬合作社、年瑞农业合作社、缘茂农业开发公司3个新型农业经营主体资源，以投资、控股、参股等形式参与枳壳生态种植、产地加工、仓储保鲜、社会化服务等生产经营活动，实现产业联合运营，基础设施互惠共利。截至2024年，全村发展枳壳产业3200亩，年产鲜枳壳突破500吨。三是**创新冷库共享体系，实现从"单产业"向"全产业"转变**。枳壳生产加工期只有2个月，其余时间冷藏设施空置率较高。为提升冷藏设施利用率，广兴镇沿河村通过"江津区农产品产地冷藏保鲜设施管理系统"，在线展示冷藏保鲜设施使用情况，同时，利用益农信息社、镇村便民服务中心和手机终端等渠道，采集、发布冷藏保鲜设施供需信息，促进市场对接，为周边农户提供冷藏保鲜设施低成本有偿服务，共享辐射带动周边农户1000多户，综合利用率平均提升了15%以上。

3.建设成效

一是产地加工能力倍增。沿河村枳壳加工以产地加工为主，枳壳采摘后需趁鲜切制，才能保证药用价值。2021年，沿河村日处理鲜枳壳能力为10吨，远远无法满足枳壳加工需求。在实施枳壳产地冷藏保鲜设施建设项目后，新增枳壳烘干设备4台以及电动叉车、传输带等设施，产能在原有基础上提升1倍，加工有效期延长1个月，实现年加工量突破2000吨。因冷链设施的完善，产能的提升，促成沿河村与北京同仁堂公司开展深度合作，并通过有机认证，实现枳壳产品溢价20%，建成江津枳壳药源基地1050亩，实现产业链条深度延伸。**二是长期市场风险递减**。市场行情是影响产业发展的关键，错峰销售是抵御市场行情风险的有效措施。2021年，广兴镇沿河村股份经济合作联合社因无冷链设施和仓储能力，只能选择加工后及时销售，导致错过高峰市场行情。冷链设施完善后，沿河村根据枳壳市场行情确定销售时间，将盈利的主动权牢牢掌握在自己手中，实现每千克干枳壳价格增加4～6元，有效抵御市场风险对产业可持续发展的冲击。**三是带动群众致富提效**。积极探索统一标准、植保、加工、检测、认证、溯源、包装、集中仓储、供销、分户种植的"七统两集一分"集体经济发展新模式，通过农村集体经济组织负责冷藏保鲜设施日常运营管理，带动村集体经济发展。项目建成投产后已解决当地农民30人就业，带动周边550余户农户发展枳壳致富增收，人均年收入可增加5000元。**四是集体经济发展加速**。村级集体经济组织加强与银行、保险、债券等金融机构合作，基本实现从单一的财政补助投入转向金融合作，实现公益服务与生产经营分账核算，有效推进村级集体经济可持续发展，从而实现从"输血"向"造血"的转变。

（三）宁夏青铜峡市大坝镇利民村等6个村级集体经济组织：联建共享，多方合作共赢发展

1.基本情况

宁夏青铜峡市围绕优质蔬菜、特色林果等重点产业，全力推进农产品仓储冷链设施建设，积极推动特色产业示范村联合成立产业联盟，集聚资金、技术、人才、机械和信息等优势，建设农产品集散中心，大幅提升"互联网＋"农产品出村进城能力，不断提升农产品市场交易价值，有效推进"六特"产业提质增效，带动地方经济发展。2022年，青铜峡市积极推进落实大坝镇利民村等6个村级集体经济组织参与集中连片冷库设施建设，同时联合成立大坝镇蔬菜产业联盟，集中连建6座100吨节能型机械冷库，总投资392.5万元，其中项目补助资金116.2万元，自筹276.3万元。采取"联盟＋集散中心＋基地＋农户"的运作模式，采取统种统收、线上线下及直营模式，积极与全市各大物流企业联合，并为多所大型连锁商超进行专业配送，开展番茄、甘蓝、西瓜、糯玉米等名特优新果蔬供销，年交易量15000吨，年交易额达9000万元，带动周边2320人就业。优质蔬菜、水果销往宁夏周边及广州、深圳等地，农产品交易半径由跨县到跨省，甚至是供港、出口外销。

2.创新做法及典型经验

一是**集聚发展，构筑集体经济引领发展新格局**。鼓励和支持农村村级集体经济组织组建产业联盟，参与农产品保鲜冷链设施建设，采取统一采收加工、统一分拣仓储、统一冷链配送、统一管理维护、统一运营销售的"五统一"集中运营机制，盘活村级闲余土地和资产，构筑村集体经济引领特色产业发展新格局，形成田间生产、就地储藏、预冷外销的全产业链体系。二是**转型升级，激活集体经济创新发展新动能**。全面提升青铜峡市农副产品品牌创建水平，全力培育农副产品"金招牌"，有效保证农副产品的集中收集、统一运送、保质保鲜，解决农户对农副产品销售的后顾之忧。加快推动产业结构转型升级，促进农产品存储、物流发展，大幅度增加就业岗位，拉动物流、电子商务、包装等相关产业发展。三是**模式创新，造就集体经济助农增收新模式**。积极推进农产品仓储物流集散中心配套设施建设，着力打造集存储仓库、临时分拣、装卸、停车等功能于一体的现代化物流集散中心，持续抓好附属设施建设和配套要素发展，拓宽村集体经济收入，通过"集体＋公司＋农户"的合作模式，解决了群众单打独斗、销售难的问题。通过联建联营、收益分红等模式，让村民们享受到农产品仓储物流发展的经济效益。四是**体系优化，形成产存销一体化发展新格局**。鼓励成立流通合作社、联合社、产业联合体或引入农业企业运营农产品产地冷藏保鲜设施，通过发展精深加工、电子商务等方式，对接批发市场、加工企业和电商平台等，形成线上线下高效对接的流通渠道，形成冷藏保鲜信息采集网络，为提升信息化水平打下坚实基础，促进全市农产品均衡上市。

3.建设成效

一是通过项目实施，**进一步提高农产品产地冷藏保鲜冷链设施水平和储藏能力，为减少产后损失、增加有效供给、促进均衡上市、提高农民收入作出了重要贡献**。据测算，2个农产品集散中心投入使用后，保鲜能力增加2400吨、减少损失达1000吨，低温处理率达到95%以上，冷链运输率90%以上，品类覆盖面100%，产后损失率降低了10个百分点，入库后的售价比入库前提高30%以上，经济效益显著。二是通过项目实施，**全面增强经营主体商品化处理能力，大幅提高鲜活农产品附加值**。全面促进冷藏保鲜冷链信息化与品牌化水平，产销对接更加顺畅，明显增强主体服务带动能力，大幅提升"互联网＋"农产品出村进城能力。带动全市发展蔬菜种植6000亩，其中番茄1500亩、大棚蔬菜500亩、糯玉米示范基地2000亩、露地西瓜2000亩，激发了群众发展产业的内生动力。引进示范种植西瓜新品种5个、番茄6个、糯玉米5个，推广应用技术标准6项。**三是通过项目实施，调动了经营主体设施建设的积极性，进一步优化了当地经济作物种植结构，推动了农业高质量发展。**带动蔬菜分拣、包装、冷链物流快速发展，增加就业岗位300余个，积极与本地仓储设施、冷链物流、数据信息网络体系联网并网，实现信息共享。促进产业链不同环节的分工协作、优势互补和一体化发展，调动了广大农民种植蔬菜、水果等经济作物的积极性，优化了经济结构，推动了全市现代农业快速发展。

中国农产品产地冷链物流发展报告

中国农产品产地冷链物流发展报告

中国农产品产地冷链物流发展报告

中国农产品产地冷链物流发展报告

中国农产品产地冷链物流发展报告

附　录

FULU

中国农产品产地冷链物流发展报告

中国农产品产地冷链物流发展报告

中国农产品产地冷链物流发展报告

中国农产品产地冷链物流发展报告

中国农产品产地冷链物流发展报告

中国农产品产地冷链物流发展报告

中国农产品产地冷链物流发展报告

中国农产品产地冷链物流发展报告

国务院办公厅关于加快发展冷链物流保障食品安全促进消费升级的意见

（国办发〔2017〕29号）

....

为推动冷链物流行业健康规范发展，保障生鲜农产品和食品消费安全，根据食品安全法、农产品质量安全法和《物流业发展中长期规划（2014—2020年)》等，经国务院同意，提出以下意见。

一、总体要求

（一）指导思想

全面贯彻党的十八大和十八届三中、四中、五中、六中全会精神，深入贯彻习近平总书记系列重要讲话精神，认真落实党中央、国务院决策部署，紧紧围绕统筹推进"五位一体"总体布局和协调推进"四个全面"战略布局，牢固树立和贯彻落实创新、协调、绿色、开放、共享的发展理念，深入推进供给侧结构性改革，充分发挥市场在资源配置中的决定性作用，以体制机制创新为动力，以先进技术和管理手段应用为支撑，以规范有效监管为保障，着力构建符合我国国情的"全链条、网络化、严标准、可追溯、新模式、高效率"的现代化冷链物流体系，满足居民消费升级需要，促进农民增收，保障食品消费安全。

（二）基本原则

市场为主，政府引导。 强化企业市场主体地位，激发市场活力和企业创新动力。发挥政府部门在规划、标准、政策等方面的引导、扶持和监管作用，为冷链物流行业发展创造良好环境。

问题导向，补齐短板。 聚焦农产品产地"最先一公里"和城市配送"最后一公里"等突出问题，抓两头、带中间，因地制宜、分类指导，形成贯通一、二、三产业的冷链物流产业体系。

创新驱动，提高效率。 大力推广现代冷链物流理念，深入推进大众创业、万众创新，鼓励企业利用现代信息手段，创新经营模式，发展供应链等新型产业组织形态，全面提高冷链物流行业运行效率和服务水平。

完善标准，规范发展。 加快完善冷链物流标准和服务规范体系，制修订一批冷链物流强制性标准。加强守信联合激励和失信联合惩戒，推动企业优胜劣汰，促进行业健康有序发展。

（三）发展目标

到2020年，初步形成布局合理、覆盖广泛、衔接顺畅的冷链基础设施网络，基本建立"全程温控、标准健全、绿色安全、应用广泛"的冷链物流服务体系，培育一批具有核心竞争力、综合服务能力强的冷链物流企业，冷链物流信息化、标准化水平大幅提升，普遍实现冷链服务全程可视、可追溯，生鲜农产品和易腐食品冷链流通率、冷藏运输率显著提高，腐损率明显降低，食品质量安全得到有效保障。

二、健全冷链物流标准和服务规范体系

按照科学合理、便于操作的原则系统梳理和修订完善现行冷链物流各类标准，加强不同标准间以及与国际标准的衔接，科学确定冷藏温度带标准，形成覆盖全链条的冷链物流技术标准和温度控制要求。依据食品安全法、农产品质量安全法和标准化法，率先研究制定对鲜肉、水产品、乳及乳制品、冷冻食品等易腐食品温度控制的强制性标准并尽快实施。（国家卫生计生委、食品药品监管总局、农业部、国家标准委、国家发展改革委、商务部、国家邮政局负责）积极发挥行业协会和骨干龙头企业作用，大力发展团体标准，并将部分具有推广价值的标准上升为国家或行业标准。鼓励大型商贸流通、农产品加工等企业制定高于国家和行业标准的企业标准。（国家标准委、商务部、国家发展改革委、国家卫生计生委、工业和信息化部、国家邮政局负责）研究发布冷藏运输车辆温度监测装置技术标准和检验方法，在相关国家标准修订中明确冷藏运输车辆温度监测装置要求，为冷藏运输车辆的温度监测性能评测和检验提供依据。（工业和信息化部、交通运输部负责）针对重要管理环节研究建立冷链物流服务管理规范。建立冷链物流全程温度记录制度，相关记录保存时间要超过产品保质期六个月以上。（食品药品监管总局、国家卫生计生委、农业部负责）组织开展冷链物流企业标准化示范工程，加强冷链

物流标准宣传和推广实施。（国家标准委、相关行业协会负责）

三、完善冷链物流基础设施网络

加强对冷链物流基础设施建设的统筹规划，逐步构建覆盖全国主要产地和消费地的冷链物流基础设施网络。鼓励农产品产地和部分田头市场建设规模适度的预冷、贮藏保鲜等初加工冷链设施，加强先进冷链设备应用，加快补齐农产品产地"最先一公里"短板。鼓励全国性、区域性农产品批发市场建设冷藏冷冻、流通加工冷链设施。在重要物流节点和大中型城市改造升级或适度新建一批冷链物流园区，推动冷链物流行业集聚发展。加强面向城市消费的低温加工处理中心和冷链配送设施建设，发展城市"最后一公里"低温配送。健全冷链物流标准化设施设备和监控设施体系，鼓励适应市场需求的冷藏库、产地冷库、流通型冷库建设，推广应用多温层冷藏车等设施设备。鼓励大型食品生产经营企业和连锁经营企业建设完善停靠接卸冷链设施，鼓励商场超市等零售终端网点配备冷链设备，推广使用冷藏箱等便利化、标准化冷链运输单元。（国家发展改革委、财政部、商务部、交通运输部、农业部、食品药品监管总局、国家邮政局、国家标准委按职责分工负责）

四、鼓励冷链物流企业经营创新

大力推广先进的冷链物流理念与技术，加快培育一批技术先进、运作规范、核心竞争力强的专业化规模化冷链物流企业。鼓励有条件的冷链物流企业与农产品生产、加工、流通企业加强基础设施、生产能力、设计研发等方面的资源共享，优化冷链流通组织，推动冷链物流服务由基础服务向增值服务延伸。（国家发展改革委、交通运输部、农业部、商务部、国家邮政局负责）鼓励连锁经营企业、大型批发企业和冷链物流企业利用自有设施提供社会化的冷链物流服务，开展冷链共同配送、"生鲜电商＋冷链宅配"、"中央厨房＋食材冷链配送"等经营模式创新，完善相关技术、标准和设施，提高城市冷链配送集约化、现代化水平。（国家发展改革委、商务部、食品药品监管总局、国家邮政局、国家标准委负责）鼓励冷链物流平台企业充分发挥资源整合优势，与小微企业、农业合作社等深度合作，为小型市场主体创业创新创造条件。（国家发展改革委、商务部、供销合作总社负责）充分发挥铁路长距离、大规模运输和航空快捷运输的优势，与公路冷链物流形成互补协同的发展格局。积极支持中欧班列开展国际冷链运输业务。（相关省级人民政府，国家铁路局、中国民航局、中国铁路总公司负责）

五、提升冷链物流信息化水平

鼓励企业加强卫星定位、物联网、移动互联等先进信息技术应用，按照规范化标准化要求配备车辆定位跟踪以及全程温度自动监测、记录和控制系统，积极使用仓储管理、运输管理、订单管理等信息化管理系统，按照冷链物流全程温控和高时效性要求，整合各作业环节。鼓励相关企业建立冷链物流数据信息收集、处理和发布系统，逐步实现冷链物流全过程的信息化、数据化、透明化、可视化，加强对冷链物流大数据的分析和利用。大力发展"互联网＋"冷链物流，整合产品、冷库、冷藏运输车辆等资源，构建"产品＋冷链设施＋服务"信息平台，实现市场需求和冷链资源之间的高效匹配对接，提高冷链资源综合利用率。推动构建全国性、区域性冷链物流公共信息服务和质量安全追溯平台，并逐步与国家交通运输物流公共信息平台对接，促进区域间、政企间、企业间的数据交换和信息共享。（国家发展改革委、交通运输部、商务部、农业部、工业和信息化部负责）

六、加快冷链物流技术装备创新和应用

加强生鲜农产品、易腐食品物流品质劣变和腐损的生物学原理及其与物流环境之间耦合效应等基础性研究，夯实冷链物流发展的科技基础。鼓励企业向国际低能耗标准看齐，利用绿色、环境友好的自然工质，使用安全环保节能的制冷剂和制冷工艺，发展新型蓄冷材料，采用先进的节能和蓄能设备。（科技部、工业和信息化部负责）加大科技创新力度，加强对延缓产品品质劣变和减少腐损的核心技术工艺、绿色防腐技术与产品、新型保鲜减震包装材料、移动式等新型分级预冷装置、多温区陈列销售设备、大容量冷却冷冻机械、节能环保多温层冷链运输工具等的自主研发。（科技部负责）冷链物流企业要从正规厂商采购或租赁标准化、专业化的设施设备和运输工具。加速淘汰不规范、高能耗的冷库和冷藏运输车辆，取缔非法改装的冷藏运输车辆。

鼓励第三方认证机构从运行状况、能效水平、绿色环保等方面对冷链物流设施设备开展认证。结合冷链物流行业发展趋势，积极推动冷链物流设施和技术装备标准化，提高冷藏运输车辆专业化、轻量化水平，推广标准冷藏集装箱，促进冷链物流各作业环节以及不同交通方式间的有序衔接。（交通运输部、商务部、工业和信息化部、中国民航局、国家铁路局、国家邮政局、中国铁路总公司按职责分工负责）

七、加大行业监管力度

有关部门要依据相关法律法规、强制性标准和操作规范，健全冷链物流监管体系，在生产和贮藏环节重点监督保质期、温度控制等，在销售终端重点监督冷藏、冷冻设施和贮存温度控制等，探索建立对运输环节制冷和温控记录设备合规合法使用的监管机制，将从源头至终端的冷链物流全链条纳入监管范围。加强对冷链各环节温控记录和产品品质的监督和不定期抽查。（食品药品监管总局、质检总局、交通运输部、农业部负责）研究将配备温度监测装置作为冷藏运输车辆出厂的强制性要求，在车辆进入营运市场、年度审验等环节加强监督管理。（工业和信息化部、交通运输部按职责分工负责）充分发挥行业协会、第三方征信机构和各类现有信息平台的作用，完善冷链物流企业服务评价和信用评价体系，并研究将全程温控情况等技术性指标纳入信用评价体系。各有关部门要根据监管职责建立冷链物流企业信用记录，并加强信用信息共享和应用，将企业信用信息归集至全国信用信息共享平台，通过"信用中国"网站和国家企业信用信息公示系统依法向社会及时公开。探索对严重违法失信企业开展联合惩戒。（国家发展改革委、交通运输部、商务部、民政部、食品药品监管总局、质检总局、工商总局、国家邮政局等按职责分工负责）

八、创新管理体制机制

国务院各有关部门要系统梳理冷链物流领域相关管理规定和政策法规，按照简政放权、放管结合、优化服务的要求，在确保行业有序发展、市场规范运行的基础上，进一步简化冷链物流企业设立和开展业务的行政审批事项办理程序，加快推行"五证合一、一照一码"、"先照后证"和承诺制，加快实现不同区域、不同领域之间管理规定的协调统一，加快建设开放统一的全国性冷链物流市场。地方各级人民政府要加强组织领导，强化部门间信息互通和协同联动，统筹抓好涉及本区域的相关管理规定清理等工作。结合冷链产品特点，积极推进国际贸易"单一窗口"建设，优化查验流程，提高通关效率。利用信息化手段完善现有监管方式，发挥大数据在冷链物流监管体系建设运行中的作用，通过数据收集、分析和管理完善事中事后监管。（各省级人民政府、国家发展改革委、交通运输部、公安部、商务部、食品药品监管总局、国家卫生计生委、工商总局、海关总署、质检总局、国家邮政局、中国民航局、国家铁路局按职责分工负责）

九、完善政策支持体系

要加强调查研究和政策协调衔接，加大对冷链物流理念和重要性的宣传力度，提高公众对全程冷链生鲜农产品质量的认知度。（国家发展改革委、农业部、商务部、食品药品监管总局、国家卫生计生委负责）拓宽冷链物流企业的投融资渠道，引导金融机构对符合条件的冷链物流企业加大投融资支持，创新配套金融服务。（人民银行、银监会、证监会、保监会、国家开发银行负责）大中型城市要根据冷链物流等设施的用地需求，分级做好物流基础设施的布局规划，并与城市总体规划、上地利用总体规划做好衔接。永久性农产品产地预冷设施用地按建设用地管理，在用地安排上给予积极支持。（国土资源部、住房城乡建设部负责）针对制约冷链物流行业发展的突出短板，探索鼓励社会资本通过设立产业发展基金等多种方式参与投资建设。（国家发展改革委、商务部、农业部负责）冷链物流企业用水、用电、用气价格与工业同价。（国家发展改革委负责）加强城市配送冷藏运输车辆的标识管理。（交通运输部、商务部负责）指导完善和优化城市配送冷藏运输车辆的通行和停靠管理措施。（公安部、交通运输部、商务部负责）继续执行鲜活农产品"绿色通道"政策。（交通运输部、国家发展改革委负责）对技术先进、管理规范、运行高效的冷链物流园区优先考虑列入示范物流园区，发挥示范引领作用。（国家发展改革委、国土资源部、住房城乡建设部负责）加强冷链物流人才培养，支持高等学校设置冷链物流相关专业和课程，发展职业教育和继续教育，形成多层次的教育、培训体系。（教育部负责）

十、加强组织领导

　　各地区、各有关部门要充分认识冷链物流对保障食品质量安全、促进农民增收、推动相关产业发展、促进居民消费升级的重要作用，加强对冷链物流行业的指导、管理和服务，把推动冷链物流行业发展作为稳增长、促消费、惠民生的一项重要工作抓紧抓好。国家发展改革委要会同有关部门建立工作协调机制，及时研究解决冷链物流发展中的突出矛盾和重大问题，加强业务指导和督促检查，确保各项政策措施的贯彻落实。

"十四五"冷链物流发展规划

（国办发〔2021〕46 号）

按照党中央、国务院决策部署，根据《中华人民共和国国民经济和社会发展第十四个五年规划和2035年远景目标纲要》，制定本规划。

一、现状形势

近年来，我国肉类、水果、蔬菜、水产品、乳品、速冻食品以及疫苗、生物制剂、药品等冷链产品市场需求快速增长，营商环境持续改善，推动冷链物流较快发展，但仍面临不少突出瓶颈和痛点难点卡点问题，难以有效满足市场需求。我国进入新发展阶段，人民群众对高品质消费品和市场主体对高质量物流服务的需求快速增长，新冠疫情防控常态化对冷链物流提出新的更高要求，冷链物流发展面临新的机遇和挑战。

（一）发展基础

行业规模显著扩大。近年来，我国冷链物流市场规模快速增长，国家骨干冷链物流基地、产地销地冷链设施建设稳步推进，冷链装备水平显著提升。2020年，冷链物流市场规模超过3800亿元，冷库库容近1.8亿米^3，冷藏车保有量约28.7万辆，分别是"十二五"期末的2.4倍、2倍和2.6倍左右。

发展质量不断提升。初步形成产地与销地衔接、运输与仓配一体、物流与产业融合的冷链物流服务体系。冷链物流设施服务功能不断拓展，全链条温控、全流程追溯能力持续提升。冷链甩挂运输、多式联运加快发展。冷链物流口岸通关效率大幅提高，国际冷链物流组织能力显著增强。

创新步伐明显加快。数字化、标准化、绿色化冷链物流设施装备研发应用加快推进，新型保鲜制冷、节能环保等技术加速应用。冷链物流追溯监管平台功能持续完善。冷链快递、冷链共同配送、"生鲜电商＋冷链宅配"、"中央厨房＋食材冷链配送"等新业态新模式日益普及，冷链物流跨界融合、集成创新能力显著提升。

市场主体不断壮大。 冷链物流企业加速成长，网络化发展趋势明显，行业发展生态不断完善。市场集中度日益提高，冷链仓储、运输、配送、装备制造等领域形成一批龙头企业，不断延伸采购、分销、信息等供应链服务功能，资源整合能力和市场竞争力显著提升。

基础作用日益凸显。 冷链物流衔接生产消费、服务社会民生、保障消费安全能力不断增强，在调节农产品跨季节供需、稳定市场供应、平抑价格波动、减少流通损耗中发挥了重要作用。特别是在抗击新冠肺炎疫情中，冷链物流对保障疫苗等医药产品运输、储存、配送全过程安全作出重要贡献。

但同时，我国冷链物流发展不平衡不充分问题突出，跨季节、跨区域调节农产品供需的能力不足，农产品产后损失和食品流通浪费较多，与发达国家相比还有较大差距。**从政策环境看，** 缺少统筹规划，东中西部、南北方和城乡间冷链物流基础设施分布不均，存在结构性失衡矛盾；冷链物流企业用地难、融资难、车辆通行难问题较为突出；冷链物流监管制度不全、有效监管不足，全链条监管体系有待完善。**从行业链条看，** 产地预冷、冷藏和配套分拣加工等设施建设滞后；冷链运输设施设备和作业专业化水平有待提升，新能源冷藏车发展相对滞后；大中城市冷链物流体系不健全，传统农产品批发市场冷链设施短板突出。**从运行体系看，** 缺少集约化、规模化运作的冷链物流枢纽设施，存量资源整合和综合利用率不高，行业运行网络化、组织化程度不够，覆盖全国的骨干冷链物流网络尚未形成，与"通道＋枢纽＋网络"的现代物流运行体系融合不足。**从发展基础看，** 冷链物流企业专业化、规模化、网络化发展程度不高，国际竞争力不强；信息化、自动化技术应用不够广泛；冷链物流标准体系有待完善，强制性标准少，推荐性标准多，标准间衔接不够紧密，部分领域标准缺失，标准统筹协调和实施力度有待加强；冷链专业人才培养不足，制约行业发展。

（二）面临形势

产业升级和扩大内需开拓冷链物流发展新空间。 我国已转向高质量发展阶段，产业加快迈向全球价值链中高端，现代农业、食品工业、医药产业、服务业全面升级，对高品质、精细化、个性化的冷链物流服务需求日益增长。"十四五"时期随着城乡居民消费结构不断升级，超大规模市场潜力将加速释放，为冷链物流提高供给水平、适配新型消费、加快规模扩张奠定坚实基础，创造广阔空间。

冷链产品安全和疫情防控强化冷链物流新要求。 冷链产品安全关系人民群众身体健康和生命安全。当前，我国冷链物流"断链"、"伪冷链"等问题突出，与此相关的产品质量安全隐患较多，特别是新冠肺炎疫情发生以来，冷链物流承担着保障疫苗安全配送和食品稳定供应的艰巨任务，要求提高冷链物流专业服务和应急处置能力，规范市场运行秩序，完善全程追溯体系，更好满足城乡居民消费安全需要。

科技创新和数字转型激发冷链物流发展新动力。 伴随新一轮科技革命和产业变革，大数据、物联网、第五代移动通信（5G）、云计算等新技术快速推广，有效赋能冷链物流各领域、各环节，加快设施装备数字化转型和智慧化升级步伐，提高信息实时采集、动态监测效率，为实现冷链物流全链条温度可控、过程可视、源头可溯，提升仓储、运输、配送等环节一体化运作和精准管控能力提供了有力支撑，有效促进冷链物流业态模式创新和行业治理能力现代化。

实行高水平对外开放创造冷链物流发展新机遇。 坚持实施更大范围、更宽领域、更深层次对外开放，特别是深入推进共建"一带一路"和推动构建面向全球的高标准自由贸易区网络将进一步优化区域供应链环境，有效发挥我国超大规模市场优势，深化与相关国家贸易往来，扩大食品进出口规模，推动国内国际冷链物流标准接轨，借鉴推广先进冷链物流技术和管理经验，促进冷链物流高质量发展。

碳达峰碳中和对冷链物流低碳化发展提出新任务。 冷链物流仓储、运输等环节能耗水平较高，在实现碳达峰、碳中和目标背景下，面临规模扩张和碳排放控制的突出矛盾，迫切需要优化用能结构，加强绿色节能设施设备、技术工艺研发和推广应用，推动包装减量化和循环使用，提高运行组织效率和集约化发展水平，加快减排降耗和低碳转型步伐，推进冷链物流运输结构调整，实现健康可持续发展。

二、总体要求

（一）指导思想

以习近平新时代中国特色社会主义思想为指导，深入贯彻党的十九大和十九届二中、三中、四中、五中、六中全会精神，增强"四个意识"、坚定"四个自信"、做到"两个维护"，立足新发展阶段，完整、准确、全面贯彻新发展理念，以推动高质量发展为主题，以深化供给侧结构性改革为主线，以改革创新为根本动力，以满足人民日益增长的美好生活需要为根本目的，统筹发展和安全，结合我国国情和冷链产品生产、流通、消费实际，聚焦制约冷链物流发展的突出瓶颈和痛点难点卡点，补齐基础设施短板，畅通通道运行网络，提升技术装备水平，健全监管保障机制，加快建立畅通高效、安全绿色、智慧便捷、保障有力的现代冷链物流体系，提高冷链物流服务质量效率，有效减少农产品产后损失和食品流通浪费，扩大高品质市场供给，保障食品和医药产品安全，改善城乡居民生活质量，为构建以国内大循环为主体、国内国际双循环相互促进的新发展格局提供有力支撑。

（二）基本原则

市场驱动，政府引导。充分发挥市场在资源配置中的决定性作用，强化企业的市场主体地位，激发市场竞争活力；更好发挥政府作用，到位不缺位，有为不越位，在规范行业运行秩序、营造良好营商环境等方面重点发力。引导资金、人才、技术等要素更多向冷链物流基础薄弱环节配置，集中力量补短板、强弱项，夯实行业发展基础。

统筹推进，分类指导。坚持系统观念，加强前瞻性思考、全局性谋划、战略性布局、整体性推进，统筹冷链物流运行、服务、监管、支撑体系建设，优化冷链物流设施布局与运行网络结构。针对产运销各主要环节、冷链产品重点品类冷链物流运作特点，因势利导，精准施策，系统推动不同地区、不同品类冷链物流高质量发展。

创新引领，提质增效。坚持创新发展，注重科技赋能，促进各类创新要素向企业集聚，着力推动冷链物流系统优化与集成创新，激发内生发展动力。推进冷链物流技术工艺、业态模式、经营管理、监管方式创新，提高服务品质和价值创造能力，提升行业运行效率和发展效能。

区域协同，联动融合。统筹东中西部、南北方和城乡协调发展，密切农产品优势产区和大中消费市场联系，促进城市群、都市圈冷链物流资源优化整合和一体化运作。加强冷链物流与现代农业、冷链产品加工、商贸流通等产业融合发展，有效扩大中高端冷链物流服务供给，支撑带动相关产业做大做强做优。

绿色智慧，安全可靠。顺应绿色生产生活方式发展趋势和推进碳达峰、碳中和需要，把绿色发展理念贯穿到冷链物流全链条、各领域，以数字化转型整体驱动冷链物流运行管理和治理方式变革，提升行业绿色智慧发展水平。

坚守安全底线，压实各方责任，强化行业监管，加强冷链风险预警防控机制和应急处置能力建设，提高冷链产品安全保障水平。

（三）发展目标

到2025年，初步形成衔接产地销地、覆盖城市乡村、联通国内国际的冷链物流网络，基本建成符合我国国情和产业结构特点、适应经济社会发展需要的冷链物流体系，调节农产品跨季节供需、支撑冷链产品跨区域流通的能力和效率显著提高，对国民经济和社会发展的支撑保障作用显著增强。

——**基础设施更加完善**。依托农产品优势产区、重要集散地和主销区，布局建设100个左右国家骨干冷链物流基地；围绕服务农产品产地集散、优化冷链产品销地网络，建设一批产销冷链集配中心；聚焦产地"最先一公里"和城市"最后一公里"，补齐两端冷链物流设施短板，基本建成以国家骨干冷链物流基地为核心、产销冷链集配中心和两端冷链物流设施为支撑的三级冷链物流节点设施网络，支撑冷链物流深度融入"通道＋枢纽＋网络"现代物流运行体系，与国家物流网络实现协同建设、融合发展。

——**发展质量显著提高**。冷链物流规模化组织效率大幅提升，成本水平显著降低。精细化、多元化、品质化冷链物流服务能力显著增强，形成一批具有较强国际竞争力的综合性龙头企业。冷链物流技术装备水平显著提升，冷库、冷藏车总量保持合理稳定增长，区域分布更加优化、功能类型更加完善。冷链物流标准化、智慧化、绿色化水平明显提高。冷链物流温度达标率全面提高，国家骨干冷链物流基地冷库设施温度达标率达到国际一流水平。肉类、果蔬、水产品产地低温处理率分别达到85%、30%、85%，农产品产后损失和食品流通浪费显著减少。

——**监管水平明显提升**。冷链物流监管法律法规进一步完善，"政府监管、企业自管、行业自律、社会监督"的监管机制基本建立，贯穿冷链物流全流程的监测监管体系初步形成。冷藏车、冷藏箱、重点冷链产品全程监控基本实现全覆盖。医药产品冷链追溯体系进一步完善，广覆盖、高效率、低成本、安全可靠的医药产品冷链物流网络基本形成。

展望2035年，全面建成现代冷链物流体系，设施网络、技术装备、服务质量达到世界先进水平，行业监管和治理能力基本实现现代化，有力支撑现代化经济体系建设，有效满足人民日益增长的美好生活需要。

三、现代冷链物流体系总体布局

（一）打造"321"冷链物流运行体系

完善国家骨干冷链物流基地布局，加强产销冷链集配中心建设，补齐两端冷链物流设施短板，夯实冷链物流运行体系基础，加快形成高效衔接的三级冷链物流节点；依托国家综合立体交通网，结合冷链产品国内国际流向流量，构建服务国内产销、国际进出口的两大冷链物流系统；推进干支线物流和两端配送协同运作，建设设施集约、运输高效、服务优质、安全可靠的国内国际一体化冷链物流网络。"三级节点、两大系统、一体化网络"融合联动，形成"321"冷链物流运行体系。

专栏1　三级冷链物流节点建设工程

国家骨干冷链物流基地建设工程。 综合考虑冷链产品生产、流通、消费空间格局，稳步推进国家骨干冷链物流基地建设，加强与国家物流枢纽联动对接，串联整合存量冷链物流设施资源，加强功能性设施建设，突出产业引领、产地服务、城市服务、中转集散、生产加工、口岸贸易等需求特点，打造冷链物流集群。引导国家骨干冷链物流基地间、国家骨干冷链物流基地与产销冷链集配中心间加强功能与业务对接，支撑构建冷链物流骨干通道。

产销冷链集配中心建设工程。 建设一批集集货、预冷、分选、加工、冷藏、发货、检测、收储、信息等功能于一体的产地冷链集配中心，提高农产品产后集散和商品化处理效率。建设一批集仓储、分拣、包装、配送、半成品加工等功能于一体的销地冷链集配中心，完善销地城市冷链物流系统，提高区域分拨配送效率。

两端冷链物流设施补短板工程。 聚焦农产品产地"最先一公里"冷链物流设施短板，结合实际需要在田间地头建设一批具备保鲜、预冷等功能的小型、移动仓储设施。面向城市"最后一公里"消费需求，引导农贸市场、商超、便利店、药店、生鲜电商、快递企业等完善城市末端冷链物流设施。

（二）构建冷链物流骨干通道

结合我国冷链产品流通和进出口主方向，串接京津冀、长三角、珠三角、成渝、长江中游等城市群与西北、西南、东南沿海、中部、华东、华北、东北等农产品主产区，建设北部、鲁陕藏、长江、南部等"四横"冷链物流大通道，以及西部、二广、京鄂闽、东部沿海等"四纵"冷链物流大通道，形成内外联通的"四横四纵"国家冷链物流骨干通道网络（见附件），发挥通道沿线国家骨干冷链物流基地、产销冷链集配中心基础支撑作用，提升相关口岸国内外冷链通道衔接和组织能力。提高国家骨干冷链物流基地间供应链协同运行水平，推动基地间冷链物流规模化、通道化、网络化运行。引导冷链物流要素和上下游产业沿通道集聚发展，加强设施联动、信息联通、标准衔接，推动形成冷链物流产业走廊。

（三）健全冷链物流服务体系

聚焦"6＋1"重点品类（肉类、水果、蔬菜、水产品、乳品、速冻食品等主要生鲜食品以及疫苗等医药产品），分类优化冷链服务流程与规范，提升专业化冷链物流服务能力。完善仓储、运输、流通加工、分拨配送、寄递、信息等冷链服务功能，强化一体化服务能力，打造运转顺畅的供应链，支撑冷链产品产销精准高效对接。丰富数字化、智慧化技术应用场景，深化冷链物流与相关产业融合发展，推动冷链物流业态、模式、组织与技术创新，提升协同化、平台化服务水平，拓展上下游产业价值空间。

（四）完善冷链物流监管体系

加快建设全国性冷链物流追溯监管平台，完善全链条监管机制，针对冷链物流环境、主要作业环节、设施设备管理等重点，规范实时监测、及时处置、评估反馈等监管过程，逐步分类实现全程可视可控、可溯源、可追查。创新监管手段，加大现代信息技术和设施设备应用力度，强化现场和非现场监管方式有机结合。借鉴新冠肺炎疫情防控期间进口冷链食品检验检测检疫经验做法，优化完善工作机制，建立科学、可靠、高效的冷链物流检验检测检疫体系。

（五）强化冷链物流支撑体系

推动第三方冷链物流企业专业化发展、规模化经营和数字化转型，着力培育具有较强国际竞争力的龙头企业。加大冷链物流关键技术和先进装备研发力度，鼓励节能环保技术应用。推动建立冷链物流统计评价体系，准确掌握冷链物流基础要素底数，及时客观反映行业发展情况。完善冷链物流标准体系，强化国内国际标准对接。加大复合型冷链物流专业人才培养力度，壮大多层次冷链物流人才队伍。

四、夯实农产品产地冷链物流基础

（一）完善产地冷链物流设施布局

完善冷链源头基点网络。适应不同农产品冷链物流要求，引导家庭农场、农民合作社、农村集体经济组织等在重点镇和中心村，结合实际需要分区分片合理集中建设产地冷藏保鲜设施。发展产地冷链物流设施设备租赁等社会化服务，探索发展共享式"田头小站"等移动冷库，提高产地源头冷链物流设施综合利用效率。

建设产地冷链集配中心。结合新型城镇化建设，依托县城、重点镇布局建设一批产地冷链集配中心，改善产地公共冷库设施条件，强化产地预冷、仓储保鲜、分级分拣、初加工、产地直销等能力，提高农产品商品化处理水平，减少产后损失，实现优质优价。服务本地消费市场，拓展产地冷链集配中心中转集散、分拨配送功能，优化完善县乡村冷链物流服务。

（二）构建产地冷链物流服务网络

优化农产品田头集货组织。鼓励各类农业经营主体和冷链物流企业加强合作，提高"最先一公里"冷链物流服务能力，满足源头基点网络储运需求。培育一批产地移动冷库和冷藏车社会化服务主体，发展设施巡回租赁、"移动冷库＋集配中心（物流园区）"等模式，构建产地移动冷链物流设施运营网络，提高从田间地头向产地冷藏保鲜设施、移动冷库等的集货效率，缩短农产品采后进入冷链物流环节的时间。

提高农产品出村进城效率。引导专业冷链物流企业适应农产品产地多点布局和小批量、多批次运输需求特点，开展从冷链源头基点到冷链集配中心、国家骨干冷链物流基地的干支衔接运输组织，构建稳定、高效、低成本运行的农产品出村进城冷链物流网络。鼓励电商、快递企业利用既有物流网络，整合产地冷链物流资源，拓展农产品出村进城冷链物流服务渠道，提高网络利用效率。

（三）创新产地冷链物流组织模式

促进农产品产地直供发展。加强产地到销地直达冷链物流服务能力建设，支撑农产品流通模式创新，推动新型农业经营主体发展农超对接、农批对接、农企对接、农社对接等农产品流通模式。鼓励产地冷链集配中心开展净菜、半成品加工，为餐饮企业、学校、机关团体等终端大客户提供直供直配服务。

助力打造产地农产品品牌。围绕特色农产品优势产区，拓展产地冷链集配中心、国家骨干冷链物流基地的交易展示、安全检测、溯源查询、统仓统配等功能，增强农产品品控能力，完善绿色食品、有机农产品、地理标志农产品等认证配套，着力打造特色鲜明、品质一流的农产品品牌。

专栏2　农产品产地冷链物流设施补短板工程

产地保鲜设施建设工程。支持各类农业生产经营主体和企业结合实际需要，在农产品主产区和特色农产品优势产区建设田头小型冷藏保鲜设施，健全农产品主产区村级物流（寄递）服务点、农村电商服务站点、益农信息社配套冷链物流设施。

移动冷库推广应用工程。研究制定移动冷库建设标准。选择部分农产品主产区开展试点示范，推广一批适应产地需求、通用性强、标准化程度高的移动冷库。

五、提高冷链运输服务质量

（一）强化冷链运输一体化运作

推动干线运输规模化发展。充分发挥国家骨干冷链物流基地等大型冷链物流设施资源集聚优势，开展规模化冷链物流干线运输，提高冷链物流去程回程均衡发展水平。大力发展公路冷链专线、铁路冷链班列等干线运输模式，进一步提高铁路、水运、航空在中长距离冷链物流干线运输中的比重。规范平台型企业发展，提高冷链物流信息共享水平，集聚整合货源、运力、仓储等冷链资源，提高冷链物流干线运输组织化、规模化水平。

促进干线支线有机衔接。完善国家骨干冷链物流基地等的集疏运体系，发展中转换装、区域分拨，推动冷链物流干线运输与区域分拨配送业务高效协同。以产销冷链集配中心为支撑，高效衔接国家骨干冷链物流基地和两端冷链物流设施，构建干支线运输和两端集配一体化运作的区域冷链物流服务网络。鼓励物流企业延伸业务链条，强化综合服务能力，提供"干线运输＋区域分拨＋城市配送"冷链物流服务。

（二）推动冷链运输设施设备升级

提高冷藏车发展水平。 严格冷藏车市场准入条件，加大标准化车型推广力度，统一车辆等级标识、配置要求，推动在车辆出厂前安装符合标准要求的温度监测设备等，加快形成适应干线运输、支线转运、城市配送等不同需求的冷藏车车型和规格体系。研究制定标准化冷藏车配置方案，引导和规范不同容积车辆选型。有计划、分步骤淘汰非标准化冷藏车。加强冷藏车生产、改装监管，严厉打击非法改装。加快推进轻型、微型新能源冷藏车和冷藏箱研发制造，积极推广新型冷藏车、铁路冷藏车、冷藏集装箱。

促进运输载器具单元化。 鼓励批发、零售、电商等企业将标准化托盘、周转箱（筐）作为采购订货、收验货的计量单元，引导冷链运输企业使用标准化托盘、周转箱（筐）、笼车等运载单元以及蓄冷箱、保温箱等单元化冷链载器具，提高带板运输比例。加强标准化冷链载器具循环共用体系建设，完善载器具租赁、维修、保养、调度等公共运营服务。鼓励企业研发应用适合果蔬等农产品的单元化包装，推动冷链运输全程"不倒托"、"不倒箱"，减少流通环节损耗。

（三）发展冷链多式联运

完善冷链多式联运设施。 鼓励国家骨干冷链物流基地等完善吊装、平移等换装转运专用设施设备，加强自动化、专业化、智慧化冷链多式联运设施建设。因地制宜增强国家物流枢纽、综合货运枢纽冷链物流服务功能，推进港口、铁路场站冷藏集装箱堆场建设和升级改造，配套完善充电桩等设施设备。

优化冷链多式联运组织。 培育冷链多式联运经营人，统筹公路、铁路、水运、航空等多种运输方式和邮政快递，开展全程冷链运输组织，积极发展全程冷链集装箱运输。依托具备条件的国家骨干冷链物流基地等开展中长距离铁路冷链运输，串接主要冷链产品产地和销地，发展集装箱公铁水联运。依托主要航空枢纽、港口，加强冷链卡车航班、专线网络建设，提高多式联运一体化组织能力。大力发展冷链甩挂运输，鼓励企业建立"冷藏挂车池"，有机融入公路甩挂运输体系，完善冷藏车和冷链设施设备共享共用机制，提高冷链甩挂运输网络化发展水平。鼓励现有多式联运公共信息平台集聚整合运输企业、中介等的冷链物流相关信息，拓展完善冷链物流服务功能，提高货源、运力、仓储等冷链资源供需匹配效率。

增强冷链国际联运能力。 提升中欧班列冷链物流服务水平，强化多式联运组织能力，畅通亚欧陆路冷链物流通道。依托中国—东盟多式联运联盟基地，拓展西部陆海新通道海铁联运、国际铁路联运、跨境公路班车国际冷链物流业务。鼓励具备实力的企业布局建设冷链海外仓，提升跨境冷链物流全程组织能力。大力发展面向高端生鲜食品、医药产品的航空冷链物流，提高公空、空空联运效率。鼓励主要农产品进出口口岸城市积极发展国际冷链物流多式联运，打造一批国际冷链物流门户枢纽。

专栏3　冷链运输提质增效降本工程

冷链干线运输规模提升工程。在具备条件的国家骨干冷链物流基地间试点开行小编组直达冷链班列和公路冷链专线。在高附加值特色农产品集中上市季节，开通连接优势产区与主要消费市场的冷链航空货运临时加班绿色通道和铁路冷链快运。

冷链物流多式联运示范工程。以西部陆海新通道海铁联运班列等为重点，在冷链物流领域积极探索建设多式联运示范工程，打造精品联运线路，开展品牌化运营，加强不同运输方式规则、单据对接，探索应用"一单制"。

冷链标准化载器具推广应用工程。依托国家骨干冷链物流基地、产销冷链集配中心等，围绕产地集货、干线运输、城市配送等冷链物流重点环节，扩大标准化托盘、周转箱（筐）、周转袋、冷藏集装箱等应用范围。依托各类物流标准化冷链载器具循环共用平台，引导冷链物流、设备生产、设备租赁等企业加强协作，提高标准化冷链载器具共享利用水平。

六、完善销地冷链物流网络

（一）加快城市冷链物流设施建设

推进销地冷链集配中心建设。在消费规模和物流中转规模较大的城市新建和改扩建一批销地冷链集配中心，集成整合流通加工、区域分拨、城市配送等功能。在符合规划的前提下，研究利用绕城高速公路沿线可开发地块等建设"近城而不进城"的销地冷链集配中心，提高冷链干线与支线衔接效率。密切销地冷链集配中心与存量冷链设施业务联系，引导冷库等设施向销地冷链集配中心集中，推进城市冷链设施布局优化。

加快商贸冷链设施改造升级。推动农产品批发市场冷库改造，配套建设封闭式装卸站台等设施，完善流通加工、分拨配送、质量安全控制等功能。鼓励商超、生鲜连锁店加大零售端冷链设施改造升级力度，提高冷链物流服务能力。引导城市商业街区、商圈、农贸市场共建共享小型公共冷库。淘汰关停不合规不合法冷库。

完善末端冷链设施功能。加大城市冷链前置仓等"最后一公里"设施建设力度。鼓励移动冷库、智慧冷链自动售卖机、冷链自提柜等在城市末端配送领域广泛应用。推动末端冷链配送服务站点建设改造，完善新能源冷藏车充电设施布局，扩大城市冷链网络覆盖范围。

（二）健全销地冷链分拨配送体系

强化区域分拨功能。扩大国家骨干冷链物流基地分拨服务范围，重点完善面向区域内销地冷链集配中心、冷链配送网点的区域分拨服务网络，以及销地冷链集配中心面向大型商超、农贸市场等的分拨服务网络。推动城市群、都市圈销地冷链集配中心共用共营，构建高效分拨服务圈。

提升末端配送效能。鼓励销地冷链集配中心、中央厨房等整合"最后一公里"配送资源，面向商超、生鲜连锁店、酒店餐饮、学校、机关团体等开展农产品集中采购、流通加工、多温共配。鼓励城市群、都市圈建立统一规划、统一平台、统一标准、统一管理的同城化冷链配送体系，补齐停靠接卸设施短板，加强城市通行政策协同，便利冷藏车装卸通行。

（三）创新面向消费的冷链物流模式

培育冷链物流配送新方式。依托国家骨干冷链物流基地和销地冷链集配中心搭建城市冷链智慧公共配送平台，整合冷链运力资源，动态优化城市配送路径，提升城市冷链配送效率。鼓励物流企业规模化集并城市冷链和常温货物配送，加大多温区配送车、蓄冷保温箱和保温柜等推广应用力度，推动多种形式多温共配发展。积极推广"分时段配送"、"无接触配送"、"夜间配送"，发展与新消费方式融合的冷链配送新业态、新模式。鼓励物业服务企业开展冷链末端配送业务。深化城乡冷链配送网络协同发展，共享共用末端设施网点和配送冷藏车，提高存量网络资源利用率。

鼓励发展生鲜农产品新零售。支持快递企业加强冷链物流服务能力建设，支持农产品流通企业、连锁商业、电商企业等拓展生鲜农产品销售渠道，扩大辐射范围和消费规模。加强城市冷链即时配送体系建设，支持生鲜零售、餐饮、体验式消费融合创新发展，满足城市居民个性化、品质化消费需求。

专栏4 销地冷链物流提升工程

　　城市冷链物流设施升级工程。支持农产品批发市场老旧冷库改造升级，使用环境友好型制冷剂，降低能耗水平，减少温室气体排放，鼓励建设公共冷库、净菜加工车间等设施。支持国家骨干冷链物流基地和销地冷链集配中心建设流通型冷库、中央厨房等设施。

　　城市冷链末端配送提效工程。引导冷链物流企业建立城市群、都市圈共同配送联盟，组建冷链运输车队，搭建公共配送平台，开展多温共配，培育一批冷链配送品牌。鼓励冷链物流企业以人口规模较大和密度较高的大型社区为重点，与商超、社区菜店等合作开展"一周一配"、"一周多配"、"一日一配"、"一日多配"等定时冷链配送服务，实现冷链到家。

七、优化冷链物流全品类服务

（一）肉类冷链物流

　　加快建立冷鲜肉物流体系。顺应畜禽屠宰加工向养殖集中区域转移需要，适应消费升级新趋势，加快构建"集中屠宰、品牌经营、冷链流通、冷鲜上市"的肉类供应链体系。完善规模屠宰、预冷排酸、低温分割、保鲜包装、冷链储运链条，加强全程温控和监管追溯。鼓励冷鲜肉生产、流通企业对接农贸市场、连锁超市、社区生鲜店铺、生鲜电商等流通渠道，拓展直营零售网点，健全冷鲜肉生产、流通和配送体系，提高冷鲜肉在肉类消费中的比重。促进肉类冷链物流与上下游深度融合创新，推动发展"牧场＋超市"、"养殖基地＋肉制品精深加工＋超市"等新模式。

　　升级肉类冷链物流设施。加强生猪、肉羊、肉牛、肉禽优势产区冷链物流设施建设，构建畜禽主产区和主销区有效对接的冷链物流基础设施网络。鼓励屠宰企业建设标准化预冷和低温分割加工车间、配套冷库等设施。支持肉类公共冷库改扩建、智慧化改造及配套设施建设。适应减少畜禽活体跨区域运输要求，积极推广应用挂肉冷藏车等专用设施设备。

（二）果蔬冷链物流

　　完善果蔬冷链物流设施设备配套条件。结合我国果蔬优势产区分布以及南菜北运、西果东输、果蔬进出口等流向特征，因地制宜建设经济适用、节能环保、绿色高效的仓储保鲜设施，延长销售周期，提高反季节销售水平。加强配套冷链设施建设，推动构建反季节蔬菜、高原夏菜、热带水果等从优势产区到主销区的全流程果蔬冷链物流体系。推广移动冷库、预冷设施应用，合理配套布局插电装置，加强移动冷链设施设备与产地冷链集配中心高效联动，合理设置田头停车、换装场地，完善果蔬"最先一公里"冷链配套设施。支持适合果蔬特点的可循环利用包装、载器具以及零售末端保鲜柜等设备使用。

提升农产品产地商品化处理水平。 新建或改造产地预冷设施，配备果蔬清洗、分级、分拣、切割、包装等设施设备。鼓励广泛使用冷链设施开展果蔬保鲜，大幅减少保鲜药物使用。推进商品化包装与冷链包装一体化，完善脱水干制、称量包装、检验检测、低损输送、质量管控等配套功能，提高果蔬产地商品化处理能力，减少流通损耗。

（三）水产品冷链物流

强化水产品产地保鲜加工设施建设。 完善鱼塘、渔船、渔港预冷保鲜设施装备，建设速冻、冷藏、低温暂养等配套设施。推动建设一批冷藏加工一体化的水产品产地冷链集配中心，引导水产品就近加工。完善覆盖养殖捕捞、到岸装卸、加工包装、仓储运输、质量管控等环节的冷链物流设施装备，支持冷链全链条无缝对接和安全温控数据共享。

健全支撑水产品消费的冷链物流体系。 加强水产品产地销地冷链物流对接，加快提升销地冷链分拨配送能力，推动沿海、重要江河流域等优势产区构建辐射全国的冷链物流网络。鼓励活鱼纯氧高密度冷链等鲜活水产品冷链配送技术创新，适应和满足持续扩大的高品质水产品消费需求。完善水产品进口相关冷链配套设施，提高进口水产品冷链物流服务与快速检验检测检疫能力。支持口岸机场建设具有国际货运、冷链仓储、报关、检验检测检疫等功能的水产品航空货运冷链物流服务通道。

（四）乳品冷链物流

推进奶业主产区冷链物流设施建设。 重点支持东北、华北、中原、西北等奶业主产区冷链物流设施建设。鼓励规模化奶业企业升级冷链物流设备，支持牧场、奶农合作社、养殖小区、生鲜乳收购站等建设生乳冷却设施，配备生乳专用恒温运输槽车，提高生乳冷却、储存、运输一体化运作效率和温度质量管控水平。

加强低温液态奶冷链配送体系建设。发挥龙头乳品企业以及电商、连锁超市等流通渠道作用，完善从生产厂商至消费者的低温液态奶全程冷链物流系统，规范销售终端温度控制管理。推动传统奶站改造升级，加强服务社区的低温液态奶宅配仓建设，推广新型末端配送冷藏车等设施设备，发展网格化、高频率配送到家服务，提高低温液态奶末端配送时效性。

（五）速冻食品冷链物流

推动冷链物流与速冻食品产业联动发展。在吉林、黑龙江、河南、山东等速冻食品生产大省，引导速冻食品产业集聚区、龙头生产企业对接国家骨干冷链物流基地和产销冷链集配中心，打通原材料采购、产品销售的全流程冷链服务链条，促进速冻食品产业规模化、集约化发展。构建速冻食品冷链过程质量快速检测体系，完善冷链物流服务追溯体系。

提升冷链物流对速冻食品消费保障能力。顺应城市快节奏生活方式和城乡居民对速冻食品日益增长的消费需求，加强冷链物流服务保障，提升末端配送服务品质，支撑速冻食品流通渠道由线下为主向线上线下多渠道拓展。适应连锁餐饮、团餐等标准化、流程化经营要求，依托产销冷链集配中心、中央厨房等设施，加快发展速冻类标准食材、食材半成品供应链，提高品控能力。

（六）医药产品冷链物流

完善医药产品冷链物流设施网络。鼓励医药流通企业、药品现代物流企业建设医药物流中心，完善医药冷库网络化布局及配套冷链设施设备功能，提升医药产品冷链全程无缝衔接的信息化管理水平。推动医药流通企业按《药品经营质量管理规范》要求配备冷藏冷冻设施设备，支持疾控中心、医院、乡镇卫生院（室）等医疗网点提高医药产品冷链物流和使用环节的质量保障水平。加强医药物流中心与冷链末端的无缝衔接，鼓励发展多温共配、接力配送等模式，探索发展超低温配送，构建广覆盖、高效率、低成本、安全可靠的医药产品冷链物流网络。

提升医药产品冷链物流应急保障水平。研究将医药产品冷链物流纳入国家应急物资保障平台，整合行业医药冷库、车辆、标准化载器具等资源，健全应急联动服务及统一调度机制，提高医药产品冷链应急保障能力。完善全国统一的医药产品冷链物流特别管理机制，保障紧急状态下疫苗及其他医药产品冷链运输畅通和物流过程质量安全。

专栏5　医药产品冷链物流提质工程

医药产品冷链物流集配中心建设工程。依托医药物流中心建设集约化医药产品冷链物流集配中心，集聚疫苗、生物制剂等医药产品生产企业、药品现代物流企业等冷链物流资源，整合疾控中心、医院、血站、药店等的冷链物流需求，提升医药产品冷链物流供需精准对接水平和规模化发展能力。

医药产品冷链物流追溯体系建设工程。加强疫苗、生物制剂等医药产品生产企业、医药产品批发零售企业、药品现代物流企业、医药物流中心及疾控中心、医院、乡镇卫生院（室）冷链物流追溯管理系统建设和应用，配套完善设施设备。规范医药产品生产、运输、分销、终端使用各环节温湿度等监控信息上传管理，加强部门协同，建立健全医药产品冷链物流追溯体系。

八、推进冷链物流全流程创新

（一）加快数字化发展步伐

推进冷链设施数字化改造。推动冷链物流全流程、全要素数字化，鼓励冷链物流企业加大温度传感器、温度记录仪、无线射频识别（RFID）电子标签及自动识别终端、监控设备、电子围栏等设备的安装与应用力度，推动冷链货物、场站设施、载运装备等要素数据化、信息化、可视化，实现对到货检验、入库、出库、调拨、移库移位、库存盘点等各作业环节数据自动化采集与传输。构建全国性、多层级数字冷链仓库网络。开展数字化冷库试点工作，推动形成一批可复制可推广的经验。

完善专业冷链物流信息平台。支持国家骨干冷链物流基地建设运营主体搭建专业冷链物流信息平台，广泛集成区域冷链货源、运力、库存等市场信息，通过数字化方式强化信息采集、交互服务功能，为冷链干线运输、分拨配送、仓储服务、冷藏加工等业务一体化运作提供平台组织支撑。鼓励商会协会、骨干企业等搭建市场化运作的冷链物流信息交易平台，整合市场供需信息，提供冷链车货匹配、仓货匹配等信息撮合服务，提高物流资源配置效率。推动专业冷链物流信息平台间数据互联共享，打通各类平台间数据交换渠道，更大范围提高冷链物流信息对接效率。

（二）提高智能化发展水平

推动冷链基础设施智慧化升级。 围绕国家骨干冷链物流基地、产销冷链集配中心等建设，加快停车、调度、装卸、保鲜催熟、质量管控等设施设备智慧化改造升级。鼓励企业加快传统冷库等设施智慧化改造升级，推广自动立体货架、智能分拣、物流机器人、温度监控等设备应用，打造自动化无人冷链仓。

加强冷链智能技术装备应用。 推动大数据、物联网、5G、区块链、人工智能等技术在冷链物流领域广泛应用。鼓励冷链物流企业加快运输装备更新换代，加强车载智能温控、监控技术装备应用。推动冷库"上云用数赋智"，加强冷链智慧仓储管理、运输调度管理等信息系统开发应用，优化冷链运输配送路径，提高冷库、冷藏车利用效率。推动自动消杀、蓄冷周转箱、末端冷链无人配送装备等研发应用。

（三）加速绿色化发展进程

提高冷链物流设施节能水平。 鼓励企业对在用冷库以及冻结间、速冻装备、冷却设备等低温加工装备设施开展节能改造，推广合同能源管理、节能诊断等模式。研究制定冷库、冷藏车等能效标准，完善绿色冷链物流技术装备认证及标识体系，逐步淘汰老旧高能耗冷库和制冷设施设备。支持国家骨干冷链物流基地、产销冷链集配中心等加强公共充电桩、加气站建设。新建冷库等设施严格执行国家节能标准要求，鼓励利用自然冷能、太阳能等清洁能源。提高冷库、冷藏车等的保温材料保温和阻燃性能。

加大绿色冷链装备研发应用。 研究制定绿色冷链技术及节能设施设备推广目录，鼓励使用绿色、安全、节能、环保冷藏车及配套装备设施。加快淘汰高排放冷藏车，适应城市绿色配送发展需要，鼓励新增或更新的冷藏车采用新能源车型。研发应用符合冷链物流特点的蓄冷周转箱、保温包装、保温罩等。研究加强冷链物流全流程、全生命周期碳排放管理，加强低温加工、冷冻冷藏、冷藏销售等环节绿色冷链装备研发应用，鼓励使用绿色低碳高效制冷剂和保温耗材，提高制冷设备规范安装操作和检修水平，最大限度减少制冷剂泄漏，推动制冷剂、保温耗材等回收和无害化处理。

专栏6　冷链物流创新低碳发展工程

冷链物流数字化发展工程。支持具备条件的物流企业开展数字化改造建设试点，推进数字化技术装备应用、数字化管理模式创新、数字化网络协同。建立深度感知智能仓储系统，实现冷库存、取、管全程智慧化，提高作业效率和仓储管理水平。

冷链物流设施绿色改造工程。支持冷链物流企业、农产品批发市场、生产加工企业等对冷库、中央厨房、低温车间等建筑物围护结构、制冷系统、照明设备等实施节能改造，支持具备条件的建筑物屋顶安装太阳能光伏发电设施，推动新型节电、节水设施设备应用。

新能源城市配送冷藏车更新工程。结合城市绿色货运配送示范工程，完善城市配送车辆选型指南，加强城市配送冷藏车车型、安全、环保等方面技术管理，健全完善相关配套设施，大力推广应用新能源冷藏车。

（四）提升技术装备创新水平

加强冷链物流技术基础研究和装备研发。聚焦冷链物流相关领域关键和共性技术问题，部署国家级技术攻关，加强冷链产品品质劣变腐损的生物学原理及其与物流环境之间耦合效应、高品质低温加工、高效节能与可再生能源利用、环保制冷剂及安全应用、冷链安全消杀等基础性研究，夯实冷链物流发展基础。在"十四五"国家重点研发计划中支持冷链物流相关技术研发，从源头提升我国冷链技术装备现代化水平。

完善冷链技术创新应用机制。强化企业创新主体地位，打造以企业为主体、市场为导向、产学研用深度融合的冷链物流技术装备创新应用体系。支持企业与高等院校、科研机构、行业协会等共建冷链技术装备创新应用平台，结合市场需求，聚焦果蔬预冷、速冻、冷冻冷藏、冷藏运输与宅配、冷链信息化智慧化等应用场景，集中优势力量，开展冷链装备研发和产业化应用。

专栏7　冷链物流设备更新工程

引导国家骨干冷链物流基地、产销冷链集配中心等优先推广应用新型分级预冷装置、大容量冷却冷冻机械。鼓励冷链物流企业使用节能环保多温区冷藏车，推广新型保鲜减震包装材料、多温区陈列销售设备，提高冷链物流技术装备现代化水平。

（五）打造消费品双向冷链物流新通道

畅通高品质农产品上行通道。在现有农产品出村进城通道基础上，适应现代农业规模化、产业化发展趋势，发挥冷链物流对高品质农产品生产、流通、减损的支撑保障作用，按照"一村一品"、"一县一品"、"多品聚集"，发展"平台企业＋农业基地"、"生鲜电商＋产地直发"等新业态新模式，推动形成产销密切衔接、成本低、效率高的农产品出村进城新通道，促进冷链惠农、品牌兴农、特色富农。

完善高品质生鲜消费品下行通道。结合新型城镇化建设，促进消费品下乡进村通道升级，推动冷链物流服务网络向中小城镇和具备条件的农村地区下沉，加快推进"快递进村"工程，鼓励供销、邮政快递、交通运输、电商等企业共建共用冷链物流设施，打通高品质生鲜消费品下乡进村新通道，扩大生鲜等高品质消费品供给。

推动城乡冷链网络双向融合。鼓励大型生鲜电商、连锁商超等企业统筹建设城乡一体冷链物流网络，加大对中小城镇和农村冷链物流设施建设投入力度，加强城乡冷链设施对接，打造"上行下行一张网"，提高设施利用效率，促进城乡冷链物流双向均衡发展。建立城乡冷链网络协同机制，提高资源共享与优化配置效率。

专栏8　供销系统农产品冷链物流体系建设工程

聚焦农产品优势产区，依托供销系统县域城乡融合综合服务平台，按照"1个中心＋N个田头保鲜仓"模式，建设600个县域产地冷链物流中心，建设200个以中央厨房、生鲜电商等业务为重点的城市销地冷链物流中心，全面对接国家骨干冷链物流基地、产销冷链集配中心等，建立供销系统公共农产品冷链物流服务网络。

（六）构建产业融合发展新生态

培育冷链物流产业生态。以国家骨干冷链物流基地、产销冷链集配中心为核心，吸引商贸流通、农产品加工产业集聚发展，深化产业链上下游联动整合，强化农产品全产业链组织功能，打造冷链物流与产业融合发展生态圈。推进冷链物流计量测试中心建设。优化"冷链物流＋"产业培育和发展环境，创新"冷链物流＋种养殖"、"冷链物流＋农产品加工"、"冷链物流＋新零售"等新生态、新场景。

构建生鲜食品供应链生态。鼓励龙头冷链物流企业、生鲜食品商贸流通企业加强战略合作，推动业务领域相互渗透，对接上游生产和终端消费，为客户提供集中采购、流通加工、共同配送全链条一站式服务。推动企业利用大数据发掘消费潜力、赋能上游生产，开展精准营销和个性化供应链服务，辅助生鲜食品生产加工企业和农产品生产主体合理安排计划、精准组织生产，推动生产、流通和冷链物流企业在融合发展中同步升级、同步增值、同步受益。

九、强化冷链物流全方位支撑

（一）培育骨干企业

支持冷链物流企业做大做强。积极培育发展第三方冷链物流企业，开展品牌创建工作，打造一批知名冷链物流服务品牌。鼓励冷链物流企业通过兼并重组、战略合作等方式优化整合资源，拓展服务网络，培育龙头冷链物流企业，提升市场集中度。鼓励大型生产、流通企业整合开放内部冷链物流资源，开展社会化服务。依法合规推动冷链物流平台企业发展，扩大冷链资源要素组织规模和范围，提升冷链物流组织化、规模化运营能力。

促进冷链物流企业网络化专业化发展。支持企业构建干支仓配一体的冷链物流服务网络，扩大业务覆盖范围，提升运行效率。鼓励大型综合物流企业发挥网络运营优势，对标国际先进水平，提升冷藏运输、冷藏保鲜、冷冻储存等基础服务专业化水准。围绕冷链细分领域、特定场景培育专业化冷链物流企业，提高精益化管理、精细化服务能力，满足不同冷链产品个性化、多元化冷链物流需求。

提升冷链物流企业国际竞争力。推动龙头冷链物流企业深度参与全球冷链产品生产和贸易组织，强化境内外冷链物流、采购分销等网络协同，延伸跨境电商、交易结算等服务，提升国际供应链管理能力和国际竞争力。鼓励冷链物流企业与贸易企业等协同"出海"，围绕全球肉类、水果、水产品等优势产区，积极布局境外冷链物流设施，依托远洋海运、国际铁路联运班列、国际货运航空等开展国际冷链物流运作，构建国内外衔接的物流通道网络，提升冷链物流企业国际化发展水平。

专栏9　骨干冷链物流企业培育工程

研究制定支持冷链物流企业发展的政策措施，支持符合条件的大型冷链物流企业开展国内国际资源整合、全链条冷链物流运作，培育一批具有较强国际竞争力的冷链物流企业集团。围绕冷链运输、仓储、配送等主要环节，以及肉类、水产品、乳品、医药产品等细分领域，培育一批专业化运作能力强的领军企业。鼓励冷链产品生产、流通和物流企业跨界融合，创新业态模式，优化供应链，延伸产业链，提升价值链，培育一批特色鲜明、创新发展的标杆企业。

（二）健全标准体系

加强冷链物流标准制修订。加强冷链基础通用标准和冷链基础设施、技术装备、作业流程、信息追溯等重点环节以及冷链物流绿色化、智慧化等重点领域标准制修订，加快填补标准空白。制定一批强制性国家标准，守好冷链产品安全底线。加强冷链物流推荐性国家标准、行业标准推陈出新，支持地方因地制宜制定符合发展需要的地方标准，鼓励高起点制定团体标准和企业标准。积极参与冷链物流国际标准化活动，推动国内国际标准接轨。

加强标准评估和执行力度。系统梳理现行冷链物流标准体系，加强评估和复审，及时修订或废止不适应经济社会发展需要、行业发展要求、技术进步趋势的标准，推动解决标准不统一、不衔接等问题。严格落实冷链物流强制性国家标准，强化推荐性国家标准、行业标准支撑与引导作用。充分发挥有关标准化技术委员会、行业协会、龙头企业作用，加强冷链物流标准宣贯，推动协同应用，提高推荐性标准采用水平。开展冷链物流标准监督检查和实施效果评价，充分发挥标准支撑冷链物流高质量发展作用。

专栏10　冷链物流标准体系建设工程

研究建立冷链物流标准制修订工作机制，加强部门协调和政企沟通，2022年底前完成现行冷链物流国家标准、行业标准、地方标准集中梳理工作，提出废止或制修订建议。结合标准梳理工作，在冷链物流设施、装备、载器具、标识、流程、管理与服务等领域，补充完善一批企业和行业急需的标准，形成全链条有机衔接的冷链物流标准体系。

（三）完善统计体系

加强行业统计监测。开展冷链物流行业调查，全面掌握市场规模、行业结构、人员设施设备等情况。研究建立冷链物流行业统计制度，科学制定统计分类标准和指标体系，根据实际需要开展冷链物流统计试点。探索开展冷链物流行业普查调查。依托国家骨干冷链物流基地、产销冷链集配中心、龙头冷链物流企业、冷链物流平台企业等，加强行业日常运行监测和分析研判。研究编制冷链物流发展综合性指数，科学、及时、全面反映行业发展现状和趋势，为政府部门政策制定和企业经营管理提供参考。

（四）加强人才培养

完善专业人才培养体系。支持有条件的普通本科院校和职业院校开设冷链物流相关专业或课程，重点培养冷链产品供应链管理、冷链物流系统规划、冷链物流技术和企业运营等方面的专业人才。鼓励高等院校深入对接行业需求，以应用为导向发展冷链物流继续教育。完善政产学研用结合的多层次冷链物流人才培养体系。开展多层次、宽领域国际交流合作，培养具有全球视野和国际供应链运作经验的高层次冷链物流人才。

健全专业技能培养培训模式。鼓励职业院校加强与冷链物流相关企业、行业协会合作，通过实训基地、订单班、新型学徒制培养、顶岗实习及建立产业学院等方式，强化冷链物流人才实践能力及创新创业能力培养。鼓励高等院校、行业协会分级分类开设冷链物流培训课程，促进从业人员知识更新与技能提升。

十、加强冷链物流全链条监管

（一）健全监管制度

加强法律制度建设。完善冷链物流监管法律法规，从准入要求、技术条件、设施设备、经营行为、人员管理、监督执法等方面明确各类市场主体权利、义务及相关管理部门职责要求，确保冷链物流各领域、各环节有法可依、有法必依。按照食品安全法、药品管理法、疫苗管理法等相关法律法规要求，细化配套规章和规范性文件，落实冷链物流全链条保温、冷藏或冷冻设施设备使用和运行要求。

健全政府监管机制。建立统一领导、分工负责、分级管理的冷链物流监管机制，发挥政府监管的主体作用，进一步明确各有关部门监管职责，强化跨部门沟通协调，加大督促检查力度，确保各项监管制度严格执行到位。推动冷链产品检验检测检疫在生产、流通、消费全过程及跨区域信息互通、监管互认、执法互助。完善主管部门行政监管制度，分品类建立完善日常巡查、专项检查、飞行检查、重点检查、专家审查等相结合的检查制度，依法规范冷链物流各类市场主体经营活动。严格执行农产品、食品入市查验溯源凭证制度，不得收储无合法来源的农产品、食品。

（二）创新行业监管手段

推进冷链物流智慧监管。引导企业按照规范化、标准化要求配备冷藏车定位跟踪以及全程温度自动监测、记录设备，在冷库、冷藏集装箱等设施中安装温湿度传感器、记录仪等监测设备，完善冷链物流温湿度监测和定位管控系统。研究建立冷链道路运输电子运单管理制度。加强冷链物流食品品质监测、仓储运输过程温湿度智能感知、卫星定位技术的应用，形成冷链物流智慧监测追溯系统，实现各环节数据实时监控和动态更新。加快区块链技术在冷链物流智慧监测追溯系统建设中的应用，提高追溯信息的真实性、及时性和可信度。逐步完善冷链追溯、运输监管等重要领域信息资源体系，基本掌握食品药品生产经营企业、冷库企业、运输企业、食用农产品批发市场、商场超市、生鲜电商等市场主体及资源底数。推动海关、市场监管、交通运输等跨部门协同监管和数据融合，依托全国进口冷链食品追溯监管平台形成全链条追溯体系，提升冷链监管效能。

建立以信用为基础的新型监管机制。发挥行业协会、第三方征信机构和各类信息平台作用，完善冷链物流企业服务评价体系。以冷链食品追溯为突破，形成以责任主体为核心的追溯闭环，对跨部门、跨地域的全链条追溯数据进行大数据分析，为信用评价提供数据支撑。依托全国信用信息共享平台，加强冷链物流企业信用信息归集和共享，通过"信用中国"网站和国家企业信用信息公示系统依法向社会公开。加大公共信用综合评价、行业信用评价、市场化信用评价结果应用力度，推广信用承诺制，推进以信用风险为导向的分级分类监管，依法依规实施联合惩戒。

强化冷链物流社会监督。发挥社会媒体舆论监督作用，加大对冷链物流领域违规违法典型案件的曝光力度，强化警示作用。支持行业协会建立行业自律规范，引导企业共同打造和维护诚信合规的市场环境，推动行业规范有序发展。畅通消费者投诉举报渠道，建立举报人奖励机制，引导和鼓励群众参与冷链物流监督，营造社会共治氛围。

专栏11　全国冷链食品追溯监管体系建设工程

　　依托现有全国进口冷链食品追溯管理平台，逐步将内贸冷链食品流通纳入追溯管理范围，同步完善地方进口冷链食品追溯管理平台功能，推动国家级、省级平台以及各类市场化平台间数据交换和信息共享，到2025年建成覆盖冷链产品重点品类、流通全链条、内外贸一体化的全国冷链食品追溯管理平台，形成各有关部门业务联动、协同处置和共治共享的冷链物流监管体系，实现多层次、多系统、跨区域冷链物流追溯闭环。

（三）强化检验检测检疫

　　健全检验检测检疫体系。适应不同农产品检验检测检疫要求，完善覆盖从种植养殖、加工到销售终端全链条以及冷链物流包装、运载工具、作业环境等全要素的检验检测检疫体系。加强检验检测检疫设施建设和设备配置，完善应急检验检测检疫预案，实行闭环式疫情防控管理，防范非洲猪瘟、新冠肺炎、禽流感等疫情扩散风险，提高重大公共卫生事件等应急处置能力。

　　提升检验检测检疫能力。围绕主要农产品产销区、集散地、口岸等，优化检验检测检疫站点布局，提高装备配备水平，增强冷链检验检测检疫能力。依托各地食品安全重点实验室，加强国家级、地区级食品安全专业技术机构冷链物流检验检测检疫能力建设。严格检验机构资质认定管理、跟踪评价和能力验证，强化冷链检验检测检疫专业技能培训。深化国际技术交流合作。

　　优化检验检测检疫流程。围绕农产品进出口，优化提升口岸/属地检查、检疫处理、实验室检验等流程，鼓励企业提前申报，依托国际贸易"单一窗口"，推行检疫处理、检测结果无纸化传递。按照分类监管原则，针对不同监管对象和产品特点，优化放行模式，提高查验效率。支持农产品批发市场、冷链物流企业、屠宰加工企业等建设快检实验室，提升就近快速检测水平。推动各地冷链产品检验检测检疫信息共享、结果互认。

　　筑牢疫情外防输入防线。完善口岸城市防控措施，建立多点触发的监测预警机制，严格执行高风险岗位人员核酸检测等规定，切实做到闭环管理。针对冷链等可能引发的输入性疫情，排查入境、仓储、加工、运输、销售等环节，建立健全进口冻品集中监管制度，压实行业主管部门责任，健全进口冷链食品检验检疫制度，加强检验检疫结果、货物来源去向等关键数据共享，做到批批检测、件件消杀，全程可追溯、全链条监管，堵住疫情防控漏洞。

专栏12　进口冷链食品预防性消毒优化工程

按照"安全、有效、快速、经济"原则开展口岸查验、交通运输、掏箱入库、批发零售等环节预防性全面消毒工作，推进全流程闭环管控可追溯。优化口岸冷链资源配置，依据冷链物流特点，在进口冷链食品首次与我境内人员接触前实施预防性全面消毒处理。加强部门协同配合，全力保障口岸通关效率，对进口冷链食品装载运输工具和包装原则上只进行一次预防性全面消毒，避免重复消毒，避免专为消毒作业实施掏箱、装箱，避免增加不必要的作业环节和成本，避免货物积压滞港影响物流和市场供应。推动冷链物流自动消杀设施设备、冷链安全消毒剂等研发和应用，创新消毒方式方法，优化消毒流程，提高消杀效率，保证受检进口冷链食品品质。

十一、实施保障

（一）加强组织协调

国家发展改革委要会同有关部门建立冷链物流发展协调推进工作机制，统筹推进重点工程落地，完善支撑政策，强化评估督导，协调解决跨部门、跨区域问题，保障规划有序实施。各省级人民政府要按照本规划确定的主要目标和重点任务，结合发展实际，统筹制定本地区冷链物流发展规划或实施方案。规划实施中涉及的重要政策、重大工程、重点项目要按程序报批。重大问题及时向国务院报告。

（二）强化政策支持

通过现有资金支持渠道，加强国家骨干冷链物流基地、产销冷链集配中心等大型冷链物流设施建设。物流企业冷库仓储用地符合条件的，按规定享受城镇土地使用税优惠政策。拓展冷链物流企业投融资渠道，鼓励银行业金融机构等对符合条件的冷链物流企业加大融资支持力度，完善配套金融服务。在严格落实永久基本农田、生态保护红线、城镇开发边界三条控制线基础上，大中城市要统筹做好冷链物流设施布局建设与国土空间等相关规划衔接，保障合理用地需求。严格落实鲜活农产品运输"绿色通道"政策。落实农村建设的保鲜仓储设施用电价格支持政策，鼓励各地因地制宜出台支持城市配送冷藏车便利通行的政策。

（三）优化营商环境

各地区、各有关部门要按照"放管服"改革要求，在确保行业有序发展、市场规范运行基础上，深化体制机制改革，简化涉企事项审批流程，进一步简并资质证照，全面推广资质证照电子化，完善便利服务。在冷链物流领域探索推行"一照多址"，支持冷链物流企业网络化发展。

（四）发挥协会作用

鼓励冷链物流相关行业协会发挥桥梁纽带作用，开展冷链物流发展调查研究和政策宣贯，及时向有关政府部门反馈行业发展共性问题。支持行业协会统筹冷链物流不同领域、不同环节市场主体需求，开展业务技能培训，提高行业发展质量。鼓励行业协会深入开展冷链物流行业自律建设，倡导诚信规范经营，树立良好行业风气。

（五）营造舆论环境

加强冷链物流理念宣传和冷链知识科普教育，提高公众认知度、认可度，培养良好消费习惯和健康生活方式。提高冷链企业和从业人员产品质量安全意识，严格遵守冷链物流相关法律法规和操作规范，筑牢冷链产品质量安全防线。宣传推介一批冷链物流企业诚信经营、优质服务典型案例，营造行业发展良好环境。

附件："四横四纵"国家冷链物流骨干通道网络布局示意图（略）

农业农村部关于加快农产品仓储保鲜
冷链设施建设的实施意见

（农市发〔2020〕2号）

各省、自治区、直辖市及计划单列市农业农村（农牧）厅（局、委），新疆生产建设兵团农业农村局，黑龙江省农垦总局、广东省农垦总局：

为贯彻落实党中央关于实施城乡冷链物流设施建设等补短板工程的部署要求，根据《中共中央、国务院关于抓好"三农"领域重点工作确保如期实现全面小康的意见》（中发〔2020〕1号）和2019年中央经济工作会议、中央农村工作会议精神，我部决定实施"农产品仓储保鲜冷链物流设施建设工程"，现就支持新型农业经营主体建设仓储保鲜冷链设施，从源头加快解决农产品出村进城"最初一公里"问题，提出如下实施意见。

一、重要意义

党中央高度重视农产品仓储保鲜冷链物流设施建设，2019年7月30日中央政治局会议明确提出实施城乡冷链物流设施建设工程。2020年中央一号文件要求，国家支持家庭农场、农民合作社建设产地分拣包装、冷藏保鲜、仓储运输、初加工等设施。加大对新型农业经营主体农产品仓储保鲜冷链设施建设的支持，是现代农业重大牵引性工程和促进产业消费"双升级"的重要内容，是顺应农业产业发展新趋势、适应城乡居民消费需求、促进小农户和现代农业发展有机衔接的重大举措，对确保脱贫攻坚战圆满收官、农村同步全面建成小康社会和加快乡村振兴战略实施具有重要意义。加快推进农产品仓储保鲜冷链设施建设，有利于夯实农业物质基础装备，减少农产品产后损失，提高农产品附加值和溢价能力，促进农民稳定增收；有利于改善农产品品质，满足农产品消费多样化、品质化需求，做大做强农业品牌；有利于实现现代农业发展要求，加速农产品市场流通硬件设施、组织方式和运营模式的转型升级；有利于优化生产力布局，引导产业结构调整，释放产业发展潜力，增强我国农产品竞争力。

二、总体思路

（一）指导思想

以习近平新时代中国特色社会主义思想为指导，牢固树立新发展理念，深入推进农业供给侧结构性改革，充分发挥市场配置资源的决定性作用，紧紧围绕保供给、减损耗、降成本、强产业、惠民生，聚焦鲜活农产品产地"最初一公里"，以鲜活农产品主产区、特色农产品优势区和贫困地区为重点，坚持"农有、农用、农享"的原则，依托家庭农场、农民合作社开展农产品仓储保鲜冷链设施建设，进一步降低农产品损耗和物流成本，推动农产品提质增效和农业绿色发展，促进农民增收和乡村振兴，持续巩固脱贫攻坚成果，更好地满足城乡居民对高质量农产品的消费需求。

（二）基本原则

——**统筹布局、突出重点**。坚持立足当前和着眼长远相结合，综合考虑地理位置、产业布局、市场需求和基础条件等因素，在鲜活农产品主产区、特色农产品优势区和贫困地区统筹推进农产品产地仓储保鲜冷链设施建设。优先支持扶贫带动能力强、发展潜力大且运营产地市场的新型农业经营主体。

——**市场运作、政府引导**。充分发挥市场配置资源的决定性作用，坚持投资主体多元化、运作方式市场化，提升设施利用效率。政府要发挥引导作用，通过财政补助、金融支持、发行专项债等政策，采用先建后补、以奖代补等形式，带动社会资本参与建设。

——**科技支持、融合发展**。坚持改造与新建并举，推动应用先进技术设备，鼓励利用现代信息手段，构建产地市场信息大数据，发展电子商务等新业态。促进产地市场与消费需求相适应，融入一体化仓储保鲜冷链物流体系，形成可持续发展机制。

——**规范实施、注重效益**。立足各地实际，规范实施过程，完善标准体系，提升管理和服务水平。在市场化运作的基础上，完善带农惠农机制，提升鲜活农产品应急保障能力，确保运得出、供得上。

（三）建设目标

以鲜活农产品主产区、特色农产品优势区和贫困地区为重点，到2020年底在村镇支持一批新型农业经营主体加强仓储保鲜冷链设施建设，推动完善一批由新型农业经营主体运营的田头市场，实现鲜活农产品产地仓储保鲜冷链能力明显提升，产后损失率显著下降；商品化处理能力普遍提升，产品附加值大幅增长；仓储保鲜冷链信息化与品牌化水平全面提升，产销对接更加顺畅；主体服务带动能力明显增强；"互联网＋"农产品出村进城能力大幅提升。

三、建设重点

（一）实施区域

2020年，重点在河北、山西、辽宁、山东、湖北、湖南、广西、海南、四川、重庆、贵州、云南、陕西、甘肃、宁夏、新疆16个省（自治区、直辖市），聚焦鲜活农产品主产区、特色农产品优势区和贫困地区，选择产业重点县（市），主要围绕水果、蔬菜等鲜活农产品开展仓储保鲜冷链设施建设，根据《农业农村部、财政部关于做好2020年农业生产发展等项目实施工作的通知》（农计财发〔2020〕3号）要求，鼓励各地统筹利用相关资金开展农产品仓储保鲜冷链设施建设。鼓励贫困地区利用扶贫专项资金，整合涉农资金加大专项支持力度，提升扶贫产业发展水平。有条件的地方发行农产品仓储保鲜冷链物流设施建设专项债。实施区域向"三区三州"等深度贫困地区倾斜。鼓励其他地区因地制宜支持开展仓储保鲜冷链设施建设。

（二）实施对象

依托县级以上示范家庭农场和农民合作社示范社实施，贫困地区可适当放宽条件。优先支持在村镇具有交易场所并集中开展鲜活农产品仓储保鲜冷链服务和交易服务的县级以上示范家庭农场和农民合作社示范社。

（三）建设内容

新型农业经营主体根据实际需求选择建设设施类型和规模，在产业重点镇和中心村鼓励引导设施建设向田头市场聚集，可按照"田头市场＋新型农业经营主体＋农户"的模式，开展仓储保鲜冷链设施建设。

1.节能型通风贮藏库。 在马铃薯、甘薯、山药、大白菜、胡萝卜、生姜等耐贮型农产品主产区，充分利用自然冷源，因地制宜建设地下、半地下贮藏窖或地上通风贮藏库，采用自然通风和机械通风相结合的方式保持适宜贮藏温度。

2.节能型机械冷库。 在果蔬主产区，根据贮藏规模、自然气候和地质条件等，采用土建式或组装式建筑结构，配备机械制冷设备，新建保温隔热性能良好、低温环境适宜的冷库；也可对闲置的房屋、厂房、窑洞等进行保温隔热改造，安装机械制冷设备，改建为冷库。

3.节能型气调贮藏库。 在苹果、梨、香蕉和蒜薹等呼吸跃变型果蔬主产区，建设气密性较高、可调节气体浓度和组分的气调贮藏库，配备碳分子筛制氮机、中空纤维膜制氮机、乙烯脱除器等专用气调设备，对商品附加值较高的产品进行气调贮藏。

根据产品特性、市场和储运的实际需要，规模较大的仓储保鲜冷链设施，可配套建设强制通风预冷、差压预冷或真空预冷等专用预冷设施，配备必要的称量、除土、清洗、分级、愈伤、检测、干制、包装、移动式皮带输送、信息采集等设备以及立体式货架。

四、组织实施

按照自主建设、定额补助、先建后补的程序，支持新型农业经营主体新建或改扩建农产品仓储保鲜冷链设施。各地要完善工作流程，确保公开公平公正。推行从申请、审核、公示到补助发放的全过程线上管理。

（一）编制实施方案

各省（自治区、直辖市）农业农村部门应细化编制实施方案，做到思路清晰，目标明确，重点突出，措施有效，数据翔实。具体包括以下内容：基本情况、思路目标、空间布局、建设内容、实施主体、资金支持、进度安排、保障措施及其他。省级农业农村部门要会同相关部门制定发布本地区农产品仓储保鲜冷链设施建设实施方案、技术方案、补助控制标准、操作程序、投诉咨询方式、违规查处结果等重点信息，开展农产品仓储保鲜冷链设施建设延伸绩效管理，并于2020年12月18日前报送工作总结和绩效自评报告。

（二）组织申报建设

新型农业经营主体通过农业农村部新型农业经营主体信息直报系统申报或农业农村部重点农产品市场信息平台申报建设仓储保鲜冷链设施。申请主体按规定提交申请资料，对真实性、完整性和有效性负责，并承担相关法律责任。县级农业农村部门要严格过程审核，公示实施主体，对未通过审核的主体及时给予反馈。实施主体按照各地技术方案要求，自主选择具有专业资格和良好信誉的施工单位开展建设，采购符合标准的设施设备，承担相应的责任义务，对建设的仓储保鲜冷链设施拥有所有权，可自主使用、依法依规处置。设施建设、设备购置等事项须全程留痕。

（三）组织开展验收

新型农业经营主体完成仓储保鲜冷链设施建设后向县级农业农村部门提出验收申请，县级农业农村部门会同相关部门，邀请相关技术专家进行验收。验收合格后向实施主体兑付补助资金，并公示全县仓储保鲜冷链设施补助发放情况。

（四）强化监督调度

各地农业农村部门建立健全仓储保鲜冷链设施建设管理制度，加强实施过程监督、定期调度，发布资金使用进度，根据实施进展及时开展现场督查指导。充分发挥专家和第三方作用，加强督导评估，强化政策实施全程监管。

五、有关要求

（一）强化组织领导

省级农业农村部门要高度重视，健全工作协作机制，加大与财政等部门的沟通配合，建立由市场、计财和相关业务处室组成的项目工作组，科学合理确定实施区域，根据农业生产发展资金专项明确的有关任务，做好补助资金测算，应保证补助资金与建设需求相一致，避免重复建设。任务实施县也要成立工作专班，切实做好补助申请受理、资格审核、设施核验、补助公示等工作，鼓励探索开展"一站式"服务，保证工作方向不偏、资金规范使用，建设取得实效。

（二）加大政策扶持

各地要积极落实农业设施用地政策，将与生产直接关联的分拣包装、保鲜存储等设施用地纳入农用地管理，切实保障农产品仓储保鲜冷链设施用地需求。对需要集中建设仓储保鲜冷链设施的田头市场，应优先安排年度新增建设用地计划指标，保障用地需求。农村集体建设用地可以通过入股、租用等方式用于农产品仓储保鲜冷链设施建设。各地要加强与电力部门沟通，对家庭农场、农民合作社等在农村建设的保鲜仓储设施，落实农业生产用电价格优惠政策。探索财政资金支持形成的项目资产股份量化形式，建立完善投资保障、运营管理、政府监管等长效运行机制，试点示范、重点支持一批田头公益性市场。

（三）强化金融服务

各地要积极协调推动将建设农产品仓储保鲜冷链设施的新型农业经营主体纳入支农支小再贷款再贴现等优惠信贷支持范围，开辟绿色通道，简化审贷流程。要引导银行业金融机构开发专门信贷产品。指导省级农业信贷担保公司加强与银行业金融机构合作，对符合条件的建设农产品仓储保鲜冷链设施的新型农业经营主体实行"应担尽担"。各地可统筹资金对新型农业经营主体农产品仓储保鲜冷链设施建设贷款给予适当贴息支持。

（四）严格风险防控

各地要建立农产品仓储保鲜冷链设施建设内部控制规程，强化监督制约，开展廉政教育。对倒卖补助指标、套取补助资金、搭车收费等严重违规行为，坚决查处，绝不姑息。对发生问题的地方要严格查明情况，按规定抄送所在地纪检监察部门，情节严重构成犯罪的移送司法机关处理。各地农业农村部门要落实主体责任，组建专家队伍，编写本地化技术方案，压实实施主体直接责任，严格验收程序，确保设施质量。各地农业农村部门要按照农业农村部制定的仓储保鲜冷链技术方案，结合当地实际，研究制定适合不同农产品和季节特点的仓储保鲜冷链技术和操作规程，切实提高设施利用效率，确保设施使用安全。对实施过程中出现的问题，认真研究解决，重大问题及时上报。

（五）做好信息采集与应用

各地要配合农业农村部健全完善农产品产地市场信息数据，通过农业农村部重点农产品市场信息平台，组织实施主体采取自动传输为主、手工填报为辅的方式，全面监测报送产地鲜活农产品产地、品类、交易量、库存量、价格、流向等市场流通信息和仓储保鲜冷链设施贮藏环境信息，监测项目实施情况，为宏观分析提供支持。仓储保鲜冷链设施建设规模在500吨以上的，应配备具有通信功能的信息自动采集监测传输设备，具有称重、测温、测湿、图像等信息采集和网络自动配置功能，实现信息采集监测传输设备与重点农产品市场信息平台互联互通，并作为项目验收的重要内容。各地要用好农产品产地市场信息数据，加强分析与预警，指导农业生产，促进农产品销售。

（六）加强宣传示范

各地要做好政策宣贯，让基层部门准确掌握政策，向广大新型农业经营主体宣讲，调动其参与设施建设的积极性。各地要坚持"建、管、用"并举，开展专业化、全程化、一体化服务，通过集中培训、现场参观、座谈交流以及编写简明实用手册、明白纸等方式，帮助实施主体提高认识，掌握技术，确保设施当年建成、当年使用、当年见效。各地要及时总结先进经验，推出一批机制创新、政策创新、模式创新的典型案例，推动工作成效由点到面扩展，提升支持政策实施效果。

图书在版编目（CIP）数据

中国农产品产地冷链物流发展报告.2024 / 农业农村部市场与信息化司编著. -- 北京：中国农业出版社，2025.5. -- ISBN 978-7-109-33115-0

Ⅰ.F252.8

中国国家版本馆CIP数据核字第2025R73C48号

中国农业出版社出版

地址：北京市朝阳区麦子店街18号楼

邮编：100125

责任编辑：贾　彬

版式设计：李文革　　责任校对：吴丽婷　　责任印制：王　宏

印刷：中农印务有限公司

版次：2025年5月第1版

印次：2025年5月北京第1次印刷

发行：新华书店北京发行所

开本：787mm×1092mm　1/16

印张：9.75

字数：175千字

定价：168.00元